Cuarenta y un
HISTORIAS DE ÉXITO
de famosos

Cuarenta y un
HISTORIAS DE ÉXITO
de famosos

EL LIBRO MÁS VENDIDO DEL AUTOR

Ohslho Shree

Volumen 1

Número de Control de la Biblioteca del Congreso de EE. UU.:   2019914454
ISBN: Tapa Dura   978-1-5065-3016-1
                   Tapa Blanda   978-1-5065-3018-5
                   Libro Electrónico   978-1-5065-3017-8

Información de la imprenta disponible en la última página.

Fecha de revisión: 06/11/2019

Ilustraciones por: Prof. Roniel Rodrigo Romano Siñani

Para realizar pedidos de este libro, contacte con:
Palibrio
1663 Liberty Drive, Suite 200
Bloomington, IN 47403
Gratis desde EE. UU. al 877.407.5847
Gratis desde México al 01.800.288.2243
Gratis desde España al 900.866.949
Desde otro país al +1.812.671.9757
Fax: 01.812.355.1576
ventas@palibrio.com
790271

ÍNDICE

AGRADECIMIENTO

Especial gracias a escritores renombrados como Napoleón Hill, Norman Vincent Peale, Steven Spielberg, Dale Carnegie, Humberto Agudelo, Osho, Martin Scorsese, Eliécer Sálesman, Robert Allen, Jaime Barylko, José Antonio Merino, Mitch Rojas, Camilo Cruz, Og Mandino, David Schwarts, George Clason, entre otros, y a todos los autores de ciertas webs y revistas que me han inspirado a recopilar, reescribir, reelaborar y cotejar esta serie de historias de éxito de famosos.

INTRODUCCIÓN

El libro que tiene en sus manos contiene uno de los secretos más importantes que ha permitido hacer fortunas extraordinarias a personas comunes y corrientes, que descubrieron el arte de hacer dinero y la fórmula para alcanzar los objetivos más deseados que tienen las personas.

Contándoles a sus hijos estas *historias de éxito de famosos* como Tomás Edison, Henry Ford, Abraham Lincoln, William Colgate, Edwin Barnes, Alejandro Magno, David Rockefeller, John Kennedy, Frank Gunsaulus, Stuart Austin, Ernestine Schumann-Heink, Marie Curie, Asa Candler, Vince Lombardi, Edson Arantes (rey Pelé), Francisco de Asís, Jordán Belfort, Walt Disney, Dan Halpin, Hayes Jones, Karl Benz, Bernard Palissy, etc., y leyéndolas durante la etapa de gestación, las mamás —y las personas que cumplen roles parecidos— sembrarán en las nuevas generaciones la semilla del éxito en las finanzas y en el arte de hacer dinero.

Leyendo estas *Historias motivadoras de éxito de personajes famosos* como hijo o estudiante desmotivado, desanimado, propenso al fracaso o la derrota, disminuido por la enfermedad, los defectos físicos o el status social, encontrará la fórmula exacta para saber qué hacer y cómo actuar a la luz de los hombres de éxito que contiene este libro.

Es verdad que los cuentos de hadas cumplen un rol importante en el mundo infantil. Pero, al no existir su equivalente físico en la realidad, éstos, sólo crean fantasías y frustraciones en los/as niños/as conforme pasa el tiempo. Ello sucede con los cuentos como la Cenicienta, la Bella y la bestia, el Príncipe azul, la Caperucita roja, entre otros.

Pero asimilando las historias de éxito, superación personal y liderazgo del presente volumen, el lector comprenderá que lo extraordinario no es patrimonio del mundo de los misterios, del capricho de la suerte, del vaivén del azar o de los hechos ocurridos a personas excepcionales, sino de personas empeñadas en realizar lo que desean, son persistentes y constantes en un pensamiento, un sueño o una idea por la cual están dispuestos a *jugárselo todo*.

Las personas que tengan problemas, por muy incomprensibles y difíciles o desalentadores que sean estos, con la ayuda de las *historias de éxito de famosos* que contiene este libro de superación personal, puedan cambiar su enfoque para hacer posible lo que parece imposible, quizá en la lógica del dicho atribuido a Francisco de Asís: *"comienza haciendo lo necesario, luego lo posible y de repente estarás haciendo lo imposible"*.

De la misma manera, considerar el enfoque anterior permitirá a las personas motivarse a sí mismas después de los fracasos, dificultades, percances y otras adversidades que impone la vida. También le permitirá abordar la vida con optimismo creyendo y confiando en las propias potencialidades, disipando los temores y los miedos, aprovechando los recursos que proveen y generan la propia mente, teniendo el sentido del humor y la creatividad a la hora de afrontar los problemas, adelantándose a las cosas y manteniéndose en la tarea de superarse constantemente.

En ese entendido se considera a los/as niños y niñas, los directos beneficiarios de estas historias de éxito, definidos como "*seres de deseo*" (Francoise Dolto) e inquietud, en quienes es posible imprimir la capacidad de saber lo que se desea y la determinación de mantenerse fiel a ese deseo incontenible hasta haberlo realizado.

Por lo tanto, la propuesta fundamental que contiene este libro es la idea de Dale Carnegie: "¡*Todo logro, toda riqueza ganada tiene su principio en una idea!*". Inspirado en este texto, cualquiera que lea sus páginas, se verá literalmente arrastrado hacia el éxito en cualquier campo que él o ella hayan elegido y en el ámbito con el que se hayan identificado. Es más, el lector comprenderá que es lícito terminar con el mito popular de que la riqueza premia sólo a las personas excepcionales y adoptar un enfoque desde donde se observe que la fortuna empieza a partir de un estado mental, de un pensamiento, con un propósito definido, con alguna idea que realizar o un plan que ejecutar.

Finalmente, para adquirir aquel estado mental que atraiga la riqueza, el dinero, el éxito, la superación, la excelencia, la abundancia, el liderazgo es necesario tener presente los personajes de cada una de las historia de éxito y dejarse provocar por ellos para comenzar a pensar en la fortuna, en los grandes ideales, creer en sí mismos, confiar plenamente en Dios, desear imperiosamente algo, y perseverar en ellos sin perderlos de vista, hasta conseguir su equivalente físico de aquello que se desea o en la que se piensa, mediante la ejecución de planes y proyectos bien definidos. Inculcar esto en las nuevas generaciones, desde temprana edad, es responsabilidad de la nueva educación que procure la realización de un hombre o una mujer de éxito, responsable de su propio destino e inmerso en un mundo que exige mucha perseverancia y un espíritu sumamente competitivo, pues dice el poeta: "*usted es el dueño de su destino, es el capitán de su alma*".

Con los presupuestos anteriores, pongo en consideración de los lectores cada una de las historias de éxito de famosos personajes que contiene este libro motivacional y otras narraciones que han marcado las pautas para atraer la riqueza y la superación personal.

QUÉ HARÍA YO SI TUVIERA UN MILLÓN DE DÓLARES

l extinto Frank W. Gunsaulus, educador y predicador de los corrales de ganado de la región de Chicago, cuando se encontraba estudiando en la universidad, al observar agudamente los defectos del sistema educativo de entonces, se propuso corregirlos siendo director de alguno de esos centros educativos.

Sin embargo, cayó en la cuenta de que para poner en marcha su proyecto necesitaba la suma de un millón de dólares. Entonces, entrando en un tiempo de aguda reflexión, elucubraba, ¿qué hago para conseguir semejante cantidad de dinero?

Siempre ocurría lo mismo: todas las noches se acostaba pensando cómo conseguir esa cantidad de dinero. Al despertar hacía lo propio. Y así sucesivamente hasta que se convirtió en una especie de obsesión. Era cierto que sabía él a cerca de las grandes verdades en torno a las cuales giraba su religión, pero no sabía cómo encontrar el millón de dólares.

Un sábado por la mañana, se sentó en su habitación pensando sobre las maneras de conseguir el dinero necesario para sus propósitos. Aquel ambicioso y joven predicador no había hecho más que pensar en lo mismo, en cómo conseguir el millón de dólares, durante más de dos años. Pero esa mañana se propuso: "conseguiré ese millón en el plazo de una semana". ¿Cómo? Eso no fue parte de sus reflexiones. Lo más importante que tenía era no otra cosa sino la decisión de conseguirlo durante esa semana. Y estaba seguro de ello.

Pasaron los días y las cosas se fueron precipitando más y más. Luego llamó a los periódicos más renombrados anunciando que la mañana siguiente, en tal lugar y a tal hora, pronunciaría un sermón titulado: "*¿Qué haría si tuviese un millón de dólares en mis manos?*".

Así comenzó a confeccionar de inmediato el sermón, llegando a concluirlo poco antes de la media noche. Se acostó en su cama con un aura de confianza y viéndose a sí mismo en posesión del millón de dólares.

Al día siguiente, faltando aún para la hora de declarar el sermón, se metió en el baño, leyó el sermón y arrodillándose dijo: "que mi sermón despierte la atención de alguien que me proporcione el dinero que necesito". Mientras rezaba, volvió a sentir la sensación de seguridad de que el dinero estaba a punto de aparecer. Sin embargo, sintiéndose relajado y excitado, se olvidó el sermón y salió hacia el lugar donde debía cumplir con el compromiso.

Antes de subirse al púlpito, se acordó del sermón que se había quedado en el baño y ya no había tiempo para volver. Era demasiado tarde. No obstante, habiendo llegado la hora, se puso de pie para pronunciar su sermón, cerró los ojos y comenzó a declarar con todo su corazón y con toda su alma. Cada una de sus palabras iba dirigida a sus fieles y a Dios. Declaró convencido a cerca de lo que haría con el millón de dólares si alguien pusiera esa suma en sus manos. Describió el plan que había ideado para organizar una gran institución educacional, en la que la gente joven aprendería a hacer cosas prácticas y acumular conocimientos.

Luego, terminado el sermón, se sentó y un hombre de entre la multitud se levantó lentamente de su asiento, y se acercó al púlpito. Mientras él se preguntaba qué pensaba hacer aquel hombre. Para su sorpresa, después de entrar en el púlpito, le extendió la mano y le dijo:

— Reverendo, su sermón me ha gustado. Creo que puede hacer todo lo que usted ha dicho que haría si tuviera un millón de dólares. Y, para demostrarle que creo en usted y en su sermón, si viene a mi oficina mañana por la mañana, le daré el millón de dólares. Me llamo Phillip D. Armour.

Dicho esto, el señor Phillip regresó a su asiento mientras la celebración continuó con su curso normal.

Al día siguiente, como era de prever, el joven Gunsaulus acudió a la oficina del señor Armour y recibió el millón de dólares de las manos del señor Phillip. Y, con ese dinero, el joven ambicioso fundó Armour Institute of Technology que actualmente se llama Illinois Institute of Technology.

Así es como el señor Gunsaulus, el joven predicador y educador, después de sólo treinta y seis horas de haber tomado la decisión definitiva de obtenerlo y haber presentado un plan bien definido en su sermón, consiguió el millón de dólares.

EL JUEGO DE ABANDONO

V incent Lombardi, uno de los entrenadores de fútbol en la historia del atletismo estadounidense, fue un hombre que llegó a entusiasmar a todo el mundo, a los jugadores y aficionados por igual. Robaba la admiración de multitudes, no tanto por los triunfos que conseguía, sino porque era conocido como un instructor duro con sus jugadores.

Cierto día un periodista se acercó a él imaginando que era una persona malhumorada, rudo, testarudo y bruto. Sin embargo, se encontró con una persona afable, amistosa y muy buen conversador. El hombre se sintió sorprendido por su forma de ser ya que aquel técnico había demostrado ser todo lo contrario.

Entonces el periodista se acercó a uno de los jugadores para confirmar si era cierto lo que había evidenciado. Preguntó:

— Su director técnico es una persona muy afable y genial, ¿verdad?

El jugador gruñó:

— ¡Claro, no está usted en su equipo!

El periodista se encontraba en una clara confusión entre lo que demostraba el técnico y lo que decía el jugador. Así que nuevamente se dirigió al señor Lombardi para preguntarle, esta vez, sobre el secreto para ganar los partidos. Una vez más interrogó:

— Profesor, ¿existe un secreto para ganar cada encuentro deportivo que enfrenta los Green Bay Packers?

Lombardi, contestó:

— Sí, existe. Como técnico, una de las cosas que deseo por encima de todas las demás es ganar. No tiene sentido participar en un certamen a menos que tengas el espíritu de ganar. Todo tu juego, trabajo, estrategias, pensamiento y todo deben estar dirigidos a ganar.

El profesional del periodismo asintió la respuesta del profesor. Y continuó preguntando:

— En ese entendido, ¿qué rol cumple un entrenador?

El director técnico contestó:

— Lo importante es hacer hombres...hombres que quieran ganar y que estén dispuesto a dar todo lo que tienen dentro para conseguir una victoria. Consiste en hacerlas creer en sí mismos, en su equipo y en lograr que piensen con plena confianza en sí mismos. Los que creen en sí mismos barren todos los obstáculos que se les interponen. Inculcar ese espíritu de creer en sí mismos es la clave del éxito.

Luego, dirigiendo una mirada aguerrida a sus jugadores, les dijo con firmeza:

— ¡Los ganadores nunca se rinden y los que se rinden nunca ganan! ¿Verdad, muchachos?

Ellos, tan familiarizados con las voces de mando del director técnico, asintieron:

— ¡Sí, señor!

Y, acercándose más a sus instruidos, Lombardi sentenció:

— Cuando trabajan ustedes para mí, sólo tienen que pensar en tres cosas: su Dios, sus familias y los Green Bay Packers, en ese orden.

De hecho, en uno de sus últimos partidos, al empezar las finales con los Lions, instruyó a sus jugadores con las siguientes palabras:

— ¡Este es un juego de abandono! ¡Hay que correr con el más completo abandono! No se preocupen lo más mínimo por nada ni por nadie y cuando lleguen cerca del objetivo intensifiquen su abandono. ¡Nada, ni un tanque, ni un muro, ni si quiera un once debe impedirles cruzar la línea de meta!

Tales enseñanzas del señor Lombardi calaron tan profundamente en todos sus jugadores del Green Bay Packers que se coronó campeón del certamen aquel año. De la misma manera los Packers se convirtieron en el equipo más asombroso no sólo de la década de 1960, sino también de la historia del fútbol estadounidense, gracias al liderazgo y a la inspiración de aquel entrenador, quien solía decir a sus jugadores: *mídete con los grandes y serás un grande*.

LA DETERMINACIÓN DE FORD

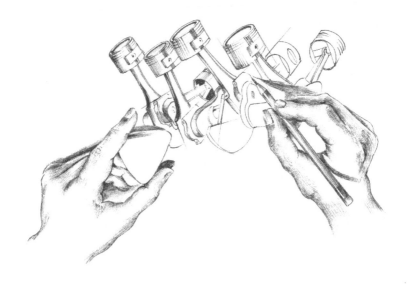

U na tarde, Henry Ford, decidió fabricar su famoso motor V8, es decir, un motor de 8 cilindros alojados en un solo bloque de motor.

Intuyendo que esto era posible, dio instrucciones a sus ingenieros para que produjeran un modelo del motor.

Cuando el proyecto estaba a punto de ser volcado sobre el papel, los ingenieros se encontraron con el obstáculo de que era imposible embutir ocho cilindros en un motor de un solo bloque.

Entonces dijeron al señor Ford:

— Señor, es imposible embutir ocho cilindros en un motor de un solo bloque. No hay forma.

Henry Ford dijo:

— Prodúzcanlo de todas maneras.

Entonces replicaron ellos:

— Pero, señor, ¡es imposible!

— ¡Adelante! —Ordenó Ford—, y no dejen de trabajar hasta haberlo conseguido. No importa el tiempo que demoren. Pero consíganlo.

Todos los ingenieros se pusieron manos a la obra, ya que no tenían otra opción sino conseguir lo que ordenaba el inventor para seguir siendo parte del equipo del señor Ford.

Transcurrieron seis meses y no lo habían logrado aún. Pasaron otros seis y nada.

Los ingenieros habían probado todos los planes concebibles para llevar a cabo el proyecto del jefe, pero llegaban a lo mismo. ¡Era imposible!

Al finalizar el año, Henry Ford, se reunió con todos los ingenieros para preguntarles cómo iba el proyecto.

Ellos dijeron:

— Señor, hemos probado todas las formas posibles de llevar adelante el proyecto, pero, hasta ahora, no hemos logrado. Así como van las cosas, hemos adquirido un temor, el temor de defraudarlo.

Ford, después de haberles escuchado, y recurriendo a su acostumbrada serenidad, dijo convencido:

— Sigan con el trabajo. ¡Quiero ese trabajo y lo tendré!

Los ingenieros continuaron intentándolo y, entonces, como por arte de magia, al fin, el secreto quedó desvelado. Y la determinación de Ford había ganado una vez más.

Después de haber logrado lo que Henry Ford quería, le llamaron para decirle:

— Señor Ford, hemos logrado dar con el secreto. Ha costado un montón, pero, como puede usted ver, ahí tiene el motor con ocho cilindros.

Ford, mirándoles a los ingenieros, se limitó a decir:

— Buen trabajo muchachos. —Y añadió: "*Desistir es la salida de los débiles, insistir es la alternativa de los fuertes*".

EL CASO DE EDWIN BARNES

Edwin C. Barnes & Bros.

Mientras realizaba algunos estudios de ingeniería electrónica y vagaba por las calles poseído por sueños estrambóticos, muy diferentes a los de sus contemporáneos, el joven Barnes escuchaba a menudo y leía en la prensa escrita, y otros medios, a cerca de la fama del gran inventor de West Orange, Tomás Edison.

Un día, estando solo, entre muchas cosas que pasaban por su mente, alcanzó la clarividencia definitiva tal que tomó la decisión de viajar a West Orange, Nueva Jersey, para hacerse nada menos que socio del grande y famoso inventor; trabajar con él, que no es lo mismo que trabajar para él. Sin embargo, tropezó con dos obstáculos: no conocía personalmente a Edison y no tenía dinero ni para el pasaje, como para viajar dignamente a Orange. Aunque eso pudo haber significado un impedimento mayor, sin medir consecuencia alguna, tomó sus pertenencias y se embarcó en un tren de carga que iba directamente hacia aquella ciudad.

Una vez llegado a West Orange se dirigió a las oficinas de Tomás Edison. Fue atendido por el portero quien, viendo la facha y traza que tenía, no quiso dejarle entrar en el despacho del inventor. Así que el hombre inventó un ardid, un pretexto proveniente de su propósito inicial, e indicó al portero:

— Soy socio de Tomás Edison y tenemos muchos asuntos de qué tratar.

El portero, completamente desconcertado y con la finalidad de evitar problemas, cedió el paso para que aquel hombre se encontrara con el gran inventor.

Pero antes, Barnes preguntó:

— ¿Dónde se encuentra él, en este momento? ¿En el despacho o en el laboratorio?

El portero contestó:

— En el laboratorio, señor; subiendo las gradas, a la derecha, al fondo.

Entonces Barnes se dirigió directamente donde se encontraba su futuro socio. Tras atravesar varios pasillos, llegó al lugar indicado y se presentó en el laboratorio de Edison, a pesar de su facha peculiar. Le dijo, entre otras cosas referentes a su presentación:

— Señor, he venido aquí para que trabajemos juntos en esta empresa.

Edison, limitando sus palabras para escucharle y tras observar su apariencia, además de advertir la convicción y la ilusión extraordinarias de aquel hombre, no consintió dar curso —de buenas a primeras— a la voluntad de deseo manifestada por Barnes.

Sin embargo, para Barnes significó un gran paso ya que obtuvo la ocasión de trabajar como personal de limpieza en el despacho de Edison, aunque por un salario insignificante. Ese trabajo le duró algunos meses mientras crecía en él el obstinado deseo de convertirse en socio del gran inventor estadounidense.

En uno de sus monólogos claves, se dijo a sí mismo: "Esta es mi oportunidad. He venido a ser socio de Edison, y eso es lo que haré, aunque me lleve el resto de la vida. Derribaré todos los obstáculos que se me presenten y me daré el lujo de ser su socio".

Tiempo después, cuando Edison había acabado de perfeccionar un nuevo invento, el Dictáfono o Máquina de Dictar, después de una exhibición en el departamento de las novedades, sus vendedores mostraron muy poco entusiasmo por el aparato. No confiaron en que aquella máquina se pudiera vender, sino a costa de grandes esfuerzos. Entonces, muy discretamente, oculta en una máquina estrambótica, surgió la gran oportunidad de Barnes. Y, claro, fue evidente que ahora los únicos interesados en la máquina resultaron ser Barnes y el inventor.

Así, Barnes, recurriendo a su típica dignidad de un hombre decidido y convencido, además preciso, sugirió a Edison:

— Yo voy a vender la Maquina de Dictar…

El inventor, atrapado por la convicción y la predisposición absoluta del joven, accedió a su sugerencia y le concedió la oportunidad de vender su máquina. Entonces el joven Barnes hizo algunas gestiones con el personal de la empresa, bajo consentimiento del inventor y, poco después, vendió la máquina con total éxito.

Ya que el éxito procurado por el joven lo garantizaba, tanto como su obstinación por realizar lo que deseaba, la mañana siguiente, el inventor dijo a Barnes:

— Señor Barnes, tenga a bien recibir un contrato para distribuir y vender la máquina por el resto de la nación.

En ese mismo instante Barnes se había convertido en socio de Edison; aquel primer impulso intangible se había tornado en una realidad concreta. Su pensamiento ya no era solo un simple sueño, sino que se había tornado un hecho real. Comenzó a ganar millones y pronto se convirtió en uno de los renombrados millonarios del estado de Nueva Jersey. Si bien no tenía nada con qué comenzar aquella aventura, excepto la capacidad de saber lo que deseaba, ahora tenía sus pensamientos convertidos en cosas, en su equivalente monetario.

Poco a poco, la fama de Barnes creció en Orange, junto a la de Edison, como uno de los socios más cualificados del gran inventor norteamericano. Hasta el mismo inventor se asombró de lo que Barnes pudo lograr en poco tiempo. De hecho, la prensa y otros medios de comunicación, ante aquel increíble acontecimiento, sucedido a aquel hombre, reaccionaron de una forma impresionante.

Años más tarde, habiendo crecido la fama de Barnes, los medios de comunicación más importantes, organizaron una conferencia de prensa para preguntar a Edison cómo —aquel hombre— pasó a ser su socio.

Estando ya en la conferencia de prensa, se limitó a declarar las siguientes palabras a cerca de Barnes: "Estaba de pie ante mí, con la apariencia de un vagabundo, pero había algo en su expresión que transmitía el efecto de que estaba decidido a conseguir lo que se había propuesto. Yo había aprendido, tras años de experiencia, que cuando un hombre desea algo tan imperiosamente que está dispuesto a apostar todo su futuro a una sola carta para conseguirlo, tiene asegurado el triunfo. Los hechos posteriores demostraron que no hubo error". Tales apreciaciones, sin duda, hacían justicia al talante de Barnes en el mundo de los negocios.

Otro tiempo después, los medios de comunicación más importantes de Orange y de otros estados, procuraron la circulación de sus propias conclusiones en forma de un titular con la foto de Barnes: "los pensamientos son cosas", es decir, que todo cuanto el hombre puede pensar puede convertirse en su equivalente monetario o material. Otro slogan que circuló también, fue: "un impulso intangible se puede transmutar en ganancias materiales". Finalmente circuló otro titular de primera plana en la prensa escrita de las ciudades más importantes de los Estados Unidos, que decía: "Uno, realmente, puede pensar y hacerse rico".

Así es como Edwin C. Barnes escribió su nombre en la imperiosa lista de los grandes millonarios de los Estados Unidos de América.

CALEIDOSCOPIO DE ARTHUR

rthur, un hombre que a causa de la guerra en la que participó de joven, había perdido la vista. Este hombre, para poder subsistir y continuar con su vida, desarrolló una gran habilidad y destreza con sus manos, lo que le permitió destacarse como un estupendo artesano. Sin embargo, su trabajo no le permitía más que asegurarse el mínimo sustento, por lo que la pobreza era una constante en su vida y en la de su familia.

Cierta Navidad quiso obsequiarle algo a su hijo de cinco años, quien nunca había conocido más juguetes que los trastos del taller de su padre con los que fantaseaba reinos y aventuras. Su papá tuvo entonces la idea de fabricarle, con sus propias manos un hermoso caleidoscopio como alguno que él pudo poseer en su niñez. En secreto y por las noches fue recolectando piedras de diversos tipos que trituraba en decenas de partes, pedazos de espejos, vidrios, metales, maderitas, etc.

Al cabo de la cena de nochebuena pudo, finalmente imaginar a partir de la voz del pequeño, la sonrisa de su hijo al recibir el precioso regalo. El niño no cabía en sí de la dicha y la emoción que aquella increíble navidad le había traído de las manos rugosas de su padre ciego, bajo las formas de aquel maravilloso juguete que él jamás había conocido... Durante los días y las noches siguientes el niño fue a todo sitio portando el preciado regalo, con él regresó a sus clases en la escuela del pueblo. En los tiempos de recreo entre clase y clase, el niño exhibió y compartió henchido de orgullo su juguete con sus compañeros que se mostraban igual de fascinados con aquella maravilla y que pujaban por poner sus ojos en aquel lente y dirigirlo al sol... Uno de aquellos pequeños, tal vez el mayor del grupo, -finalmente se acercó al hijo del artesano y le preguntó con la ambiciosa intriga que sólo un niño puede expresar:

— Oye, que maravilloso caleidoscopio te han regalado... ¿dónde te lo compraron?, no he visto jamás nada igual en el pueblo...

Y el niño, orgulloso de poder revelar aquella verdad emocionante desde su pequeño corazón, le contestó:

— No, no me lo compraron... me lo hizo mi papá.

El otro chaval replicó con cierta sorna y tono incrédulo:

— ¿Tu padre?... imposible... ¡¡¡si tu padre está ciego…!!!

Aquel pequeño amigo, mirando fijamente a su compañero, después de una pausa de segundos, sonrió como si fuera un portador de verdades absolutas. Luego, contestó:

— Si... mi papá está ciego... pero solamente de los ojos...

El amigo siguió:

— Entonces, si es así, yo también quiero uno igualito. Por favor, amigo, dile a tu papá que me lo haga uno igual.

El otro, después de asentirlo, se retiró del lugar con el compromiso de llevar el encargo a su padre.

Días después, el caleidoscopio se hizo famoso por toda la escuela. Todos los niños prefirieron un caleidoscopio de regalo y todos hechos por el ciego Arthur. De las manos y la inventiva de un ciego surgió un espléndido juguete, codiciado por todos los niños de Norteamérica y Europa. Muy pronto, la familia de aquel artesano, abandonó la pobreza, gracias a la destreza de aquel hombre.

Sólo, posteriormente, el año 1816, sobre la base de aquel gran invento de Arthur, el caleidoscopio fue creado —en su versión moderna— por el físico francés David Brewster, quien tramitó la patente el año siguiente.

EL EDITOR DE LIBROS BARATOS

U n editor de libros baratos advirtió un fenómeno muy común en la gente que compraba libros. La cosa se trataba de que cuando la gente compra libros no compra por lo que un libro pueda contener, sino por el título. Esta idea, sin duda, no fue significativa sino hasta que el señor Candler la descubrió para los editores, en general.

Semejante advertencia, le procuró al señor Asa la siguiente idea ingeniosa: cambiar el título de todos los libros que hasta entonces no se vendían y que ocupaban gran parte de los predios de la editorial.

No obstante, para ejecutar semejante idea, de entre los suyos, debió de escoger a los más arriesgados y capaces para que hicieran todo lo que él no podía hacer. Seleccionó cuidadosamente a los empleados más ingeniosos para crear títulos taquilleros y calientes, que pudieran transformar completamente las tapas de los libros; contrató nuevos diseñadores de tapas y otros empleados para que colaboraran estrecha y fielmente con sus brillantes pretensiones.

Así, con la ayuda de aquel equipo de colaboradores de la editorial, se pusieron manos a la obra a fin de plasmar aquello que no existía más que en la imaginación del editor. Comenzaron por arrancar únicamente las cubiertas de cada uno de los libros, en las cuales figuraba el título que no se vendía; luego le aplicaron un nuevo diseño y el título más "taquillero" a cada ejemplar, de forma que cada obra luciera atractiva y seductora.

Acto seguido, la editorial procuró el lanzamiento de una gran promoción de los nuevos libros súper seductores a los ojos de los lectores. Y, evidentemente, llegada la fecha, como era de esperar, acudió mucha gente a la gran promoción. Todo el mundo compró libros, especialmente aquellos cuyos títulos habían sido cambiados.

Y sucedió que, en menos de una semana, por sencilla que pueda parecer la idea, dio un resultado incalculable. Se vendieron más de un millón de ejemplares en menos de una semana. ¡Fue realmente una IDEOTA que se estaba traduciendo en su equivalente físico! ¡Una verdadera idea que imaginó Asa Candler! De hecho, para una IDEA así, no existe un precio estándar. El creador de una idea tan sugerente pudo fijar libremente el precio y lograr así imponerse a las expectativas de sus clientes. Finalmente, llenar de dinero sus bolsillos.

Las ideas son así. Primero nosotros les damos vida, acción y orientación, y luego ellas adquieren su propio poder y arrasan con cualquier tipo de obstáculos. Al final esa idea se traduce en dinero en efectivo.

COLGATE, EL GRAN SOCIO DE DIOS

los dieciséis el joven Colgate se vio obligado a salir de la villa de sus padres por ser estos demasiado pobres para sostenerlo. Tomó consigo todas sus pertenencias, las empacó en una maleta y se marchó en busca de días mejores.

Estando de camino a la capital se encontró con un hombre de Dios quien le contó una historia bíblica, la historia de Jacob. Le narró cómo el joven Jacob tuvo un sueño donde Dios prometía ayudarle cuando pasó la noche debajo de un árbol. El sueño le pareció tan real que, al despertarse por la mañana, el muchacho le prometió a Dios *"dar siempre la décima parte de todo lo que ganara"*. Así es como Jacob había llegado a ser el mayor millonario de su nación y que enseñó a sus hijos a hacer lo mismo.

Esta historia le agradó mucho al joven Colgate y se propuso para sí dar en adelante la décima parte de lo que ganara. Sin embargo, aunque prodigaba una fuerte fe en Dios, cuando llegó a la ciudad se encontró con lo duro de conseguir trabajo. Pero, confiando en sí mismo y en Dios, cargado de todos sus sueños, un día, se aventuró a abandonar su país para emigrar al país de las oportunidades, a Estados Unidos, específicamente a Nueva York.

Una noche oyó una voz que le decía: "aprenda a fabricar jabones, pero fabríquelos bien". Aunque esto fue solo un sueño, días después, buscó una fábrica para trabajar. Al encontrar, entró de obrero en una fábrica de jabones. Cuando ganó el primer dólar, apartó 10 centavos para darlos a los pobres. Hizo tan bien su trabajo que llegó a inventar un jabón y una crema dental que lo hicieron famoso.

Pronto este fabricante llegó a ser socio en el negocio del jabón. Tanto es así que al morir los dueños de la fábrica llegó a ser el único propietario. Entonces nombró él un contador y le dio esta orden: "*la décima parte de todas las ganancias las aparte para regalarlas*". ¿A quiénes? Precisamente, a los pobres.

El negocio prosperó considerablemente y Colgate llegó a poseer una gran fortuna. Así que decidió dar a Dios, en la persona de los pobres, no solo el 10% de sus ganancias, sino que esta vez el 20%. Luego el 30, después el 40 y posteriormente el 50%. Y entre más daba él a Dios, en la persona de los más necesitados, más y más le ayudaba Dios a él y a sus negocios. Pronto su marca de jabón llegó a ser una palabra reconocida en las casas a través del mundo.

Entonces, viendo cómo el buen Dios lo bendecía, decidió apartar una buena suma para sus hijos y para su vejez, y dar el resto a Dios, ayudando a los más necesitados y difundiendo la Sagrada Biblia. Con los años, sus negocios prosperaron como nunca lo había imaginado y sus descendientes se hicieron grandes millonarios.

De hecho, cuando estaba aún en vida, Colgate solía afirmar ante instancias muy importantes: "*Imagínense lo provechoso que es llegar a ser socio de Dios. Uno empieza dándole el diez por ciento para los pobres, sus predilectos, pero Dios paga tan extraordinariamente bien que uno empieza a dar el 20, el 30 y el 50 por ciento y hasta se anima a darlo todo a Dios en sus pobres, porque Dios como socio es el mejor cobrador que puede existir*".

Tales aseveraciones fidedignas de William Colgate, hicieron que fuera considerado posteriormente como el hombre más rico que sobrevive con apenas el 10 por ciento de sus ganancias. Sin duda también es reconocido como alguien que apoyó a los hombres de Dios para que se pudiera difundir la Biblia a todos los rincones del mundo.

Después de su muerte, el 25 de marzo de 1857, sus hijos continuaron siendo fieles a Dios, por lo que años más tarde, en 1928 y, debido a su creciente internacionalización, la compañía decidió fusionarse con Palmolive-Peet, para luego terminar siendo Colgate-Palmolive.

Es conocido por ser el fundador de la empresa Colgate, fundada en 1806, y existe una Universidad que lleva su apellido en reconocimiento a su labor como benefactor de la institución. Además, ayudó a organizar varias sociedades Bíblicas, inclusive la American Bible Society, en 1816.

EL LOGRO DE WALT DISNEY

l amanecer del 3 de abril, Walt Disney abrió los ojos después de un sueño reparador y tuvo la idea de hablar con sus potenciales aliados para convertir su gran idea en realidad. Consideró que ésta era la única forma de hacer realidad aquella brillante idea que pululaba en él, pues debía buscar financiadores que quisieran invertir en su proyecto.

Fue así como confeccionó un proyecto plasmando su visión y todo lo que él se imaginaba, de tal manera que ningún detalle se le pasara por alto.

Un día, al estar reunido con sus aliados, les dijo:

— Señores, la idea de Disneylandia es muy simple. Será el lugar en donde la gente encontrará felicidad y conocimiento. El frontis llevará el siguiente slogan: *"en Disney hacemos magia y en Disney los sueños se vuelven realidad"*.

Uno de los interlocutores intervino, diciendo:

— La idea es perfecta, pero me parece muy poética, ya que pretender la felicidad y el conocimiento para otros no deja de ser una idea muy subjetiva.

Walt Disney, mirándole fijamente a su futuro aliado, replicó:

— Señor, soy un firme convencido de que, si puedes soñarlo, puedes hacerlo. Es verdad que la idea parece una poesía por sus pretensiones muy altas. Sin embargo, sigo creyendo que todo eso es posible.

Vamos, Walt —dijo el hombre. ¿Puede explicar más detalladamente esa pretensión?

Disney argumentó:

— Por supuesto, señor. Según mi proyecto, ese lugar donde se encuentre la felicidad y el conocimiento, consiste en crear un lugar adecuado donde los padres y madres de familia se encuentren a gusto; los hijos y las hijas compartan momentos placenteros; los maestros y estudiantes descubran mejores formas de entendimiento y educación; las generaciones mayores recuerden con alegría los bellos momentos de su pasado y las generaciones jóvenes saboreen el desafío del futuro con esperanza.

Entonces, otro de los potenciales aliados, que había comprendido parte de su proyecto, acotó:

— Comprendo la idea, pero me gustaría añadir que crear una infraestructura adecuada para tales efectos supondrá también no dejar de lado sectores que realcen la naturaleza, ya que sería un sitio formativo para las generaciones recientes.

Disney asintió:

— Sí, tiene razón. A todo lo antedicho se añadirán sectores específicos para realzar las maravillas de la naturaleza, de forma que todos los que la visiten aprendan a amarla sin más, tal como se ama a un ser querido.

Entonces, otro de los interlocutores, declaró:

— Eso me parece muy importante porque, la naturaleza, finalmente, no es una cosa aislada de las vivencias que tenemos los seres humanos. Así que adelante, —añadió.

Y Walt, siguiendo con la presentación de su proyecto, continuó diciendo:

— El lugar, asimismo, contará con un sector acondicionado para dramatizar los sueños de las personas y los hechos más importantes de los Estados Unidos. De modo que, el lugar, por sí mismo, se convertirá en un sitio adecuado para estimular coraje, valentía e inspiración a todo el mundo.

Entonces, el potencial aliado, que había seguido con más detenimiento los argumentos de Disney, preguntó:

— Lo que dice usted, señor Disney, logro relacionar con la necesidad de crear una especie de feria de exhibición, un centro de relajamiento, para todos los visitantes. ¿No es así, señor Walt?

Disney, confirmando la idea de su antecesor, corroboró:

— Sí. Evidentemente, eso es lo que persigue este proyecto. Disneylandia será algo como una feria de exhibición, un campo de juego y recreación, un centro comunitario, un sitio de relajación familiar, un museo viviente y una vitrina de belleza y magia. De modo que estará llena de logros, alegrías y esperanza del mundo en que vivimos. También recordará y mostrará al visitante cómo, esas maravillas, se convierten en parte de la vida de todas las personas.

En cuanto acabó de verter sus argumentos, todos sus aliados se pusieron a dialogar y concluyeron aprobando el proyecto y el respectivo financiamiento. Así es como sus inversionistas, habiendo creído en el sueño y la visión del señor Disney, apoyaron con creces el proyecto de convertir a Disneylandia en un lugar donde los sueños se hacen realidad.

Una vez más, lo que dijo Donald Trump: "*si de todos modos vas a pensar, piensa en grande*", se había cumplido en el sueño y la visión de Walt Disney.

CÓMPRESE UN CHANCHO

¿**P**or qué la gente sin cultura suele ser muy rica en otros bienes, los materiales?

Si uno de esos días, particularmente inspirados, su hijo dice: "No quiero ir más a la escuela, me aburre, prefiero la tele, el teléfono celular... Además, ¿de qué sirve estudiar?", no se ponga triste ni nervioso. Antes bien, cuéntele la siguiente historia.

Cierta vez, había un hombre sin estudios, que no sabía ni leer ni escribir, pero que buscaba trabajo. Finalmente encontró empleo de sereno en una fábrica. Le iba bien, cobraba, gastaba sus ganancias, comía, etc.

Un buen día, estando él en el trabajo, llegó a la fábrica un telegrama urgente y el sereno manifestó que no sabía firmar el recibo. Al día siguiente, cuando se conoció este dato, lo echaron.

Al día siguiente, deambulando por el mundo, no supo qué hacer. Se fue al campo. Allí compró un chancho, hizo chorizos. Los vendió, le fue bien. Entonces compró dos chanchos. Hizo más chorizos, y los vendió muy bien. Lentamente fue creciendo en esta industria casera.

Tiempo después, compró un pequeño frigorífico. Luego lo trocó por uno más grande y, después, otro mucho más grande; y luego llegó a ser un genio de la industria de los chorizos y salchichas y un muy respetado millonario.

Finalmente terminó apareciendo en las revistas, en los periódicos, le hacían reportajes, le pedían autógrafos. Un día de esos, al escribir su autógrafo, confesó con toda inocencia y casi con orgullo:

— No sé escribir...

Los periodistas y admiradores, sorprendidos por su respuesta, le preguntaron:

— ¿Cómo que no sabe escribir? y entonces, ¿cómo logró alcanzar esta posición tan alta?

Él les dijo:

— Porque no sabía escribir. Si hubiera sabido escribir a esta hora seguiría siendo el sereno de una fábrica.

Cuéntele esta historia a su hijo que no quiere estudiar y dele unos pesos para que se compre un chancho, haga chorizos y termine teniendo una cadena de frigoríficos.

EL HIJO DEL SEÑOR HAMILTON

e trata de una noche en que la esposa del señor Hamilton sentía dolores de parto y toda la familia estaba a la espera del primogénito.

Cuando la criatura llegó al mundo, grande fue la sorpresa de que el niño no tenía orejas y por tanto carente de audición. Poco después, el médico de la familia, admitió que el niño sería sordo y mudo toda la vida.

Hamilton, estando al lado del médico, se opuso a la versión de éste diciendo:

— Doctor, eso no es cierto. Es una criatura pequeña, pura, que no conoce todavía el mundo y que obviamente debería ser así. Algunos son tardos y otros son prontos —afirmaba—.

Aquel padre de familia sabía, no obstante, que existía una manera de que el niño fuese normal como cualquiera. Su convicción era, sin duda, más grande que las afirmaciones del médico. De hecho, el señor Hamilton recordaba para sí las palabras de Emerson: *"El curso de las cosas acontece para enseñarnos la fe. Sólo necesitamos estar atentos. Hay indicadores, claves, para cada uno de nosotros, y si escuchamos con humildad, oiremos la palabra justa".*

Así tomó una decisión crucial: "mi hijo no será sordomudo; encontraré la forma de trasplantar en mi hijo un deseo ardiente de dar con maneras y medios de hacer llegar el sonido a su cerebro, sin la ayuda de los oídos. Esto haré tan pronto como el niño sea bastante mayor como para cooperar".

Semejante emprendimiento y osado objetivo, fue poco a poco saliendo a flote especialmente cuando se percató de que a la edad en que los niños empiezan a emitir palabras él percibía ciertos sonidos.

Estando junto a su esposa, después de haber advertido a cerca de la percepción de ciertos sonidos, por parte del niño, el señor Hamilton tomó un respiro y dijo:

— Eso es todo lo que quería saber.

Y la esposa, completamente abandonada a las decisiones de su marido, asintió:

— Esposo, tiene razón. Nuestro hijo puede oír.

Para Hamilton estaba claro que si podía advertir mínimamente algún sonido era un hecho de que el niño podía desarrollar una mayor capacidad auditiva.

Entonces la familia compró un fonógrafo, pusieron música y, cuando el niño oyó por primera vez la melodía, entró en éxtasis y pronto se apropió del aparato. Más tarde, conforme las cosas marchaban por el camino deseado, Hamilton se percató de que su hijo podía oír perfectamente el sonido de su voz. Entonces, de inmediato, comenzó a contarle cuentos antes de que se durmiese. Se trataba de historias que estimulaban su confianza en sí mismo, su imaginación y un agudo deseo de oír, hablar y ser normal.

Más aún inventó un cuento dramático como para infundir en el chavalín que la dificultad que tenía él no era sino una gran ventaja respecto a los otros, aunque sin saber qué significaba exactamente aquello. Y, a como dé lugar, le infundió la confianza de que los niños de su tanda le darían una atención especial y privilegiada —como de hecho ocurría—, y que cuando sea mayor sería el más exitoso vendedor de periódicos de la ciudad.

A la edad de ocho años y algo más, evidentemente, el método hamiltiano estaba dando resultados. El niño imploró el privilegio de vender periódicos, pero su madre no le consentía aún. Entonces, él mismo, un día procuró la forma de arreglárselas. Se deslizó hacia fuera, sin avisar a nadie, fue donde el zapatero para pedirle prestados seis centavos. Los centavos los convirtió en periódicos, los vendió, reinvirtió el capital y repitió la operación hasta el anochecer. Luego devolvió el dinero prestado al zapatero habiendo ganado cuarenta y dos centavos. Cuando su padre volvió a casa, el niño se encontraba dormido en su cama apretando en el puño los centavos que había ganado.

Su madre, abrió la mano, cogió las monedas y lloró. Era sin duda la primera victoria de su hijo, su primer éxito. En cambio, su padre, con una sonrisa de agradecimiento a la vida se sintió satisfecho porque su hijo había tenido un gran éxito. Sin duda, se podía ver en él el futuro de un valiente hombre de negocios, ambicioso y lleno de confianza en sí mismo.

Posteriormente, aquel niño asistió a la escuela, después al instituto, luego a la universidad sin que fuese capaz de oír plenamente las clases que impartían sus profesores. Sus padres no optaron por una escuela para sordomudos a fin de que aprendiese a vivir una vida normal, aunque aquello tuvo que costar muchas discusiones acaloradas con los funcionarios de la escuela.

Estando en el instituto se procuró un aparato eléctrico para mejorar su audición, pero no dio resultado. Sin embargo, ya estando en la universidad, sucedió algo muy importante en su vida, un hito en su historia personal.

Consiguió otro aparato eléctrico para oír mejor. Lo tomó con cierto escepticismo, pero conectó las baterías y ¡vaya sorpresa!, su deseo ardiente de oír se convirtió en una realidad.

Alborozado por la situación, llamó por teléfono a su madre y oyó su voz a la perfección. Al día siguiente pudo oír con total claridad las clases de la universidad, por primera vez en su vida. Podía conversar con normalidad con la gente, sus compañeros de estudio y se sintió dueño de un mundo distinto.

Días después escribió una carta al fabricante del audífono, relatándole su experiencia con el aparato. La compañía le invitó a Nueva York y habló con el ingeniero jefe, sobre su experiencia y cómo descubrió un mundo nuevo de oportunidades.

Aquel valiente hombre de negocios, ambicioso y lleno de confianza en sí mismo, por fin había salido a flote. Su dificultad se había convertido en una gran ventaja. Ahora ya no era un hombre simple, sino un alguien que podía ayudar a millones de sordos que viven como tales sin ser merecedores de un mundo diferente y más digno.

Durante un mes entero, investigó todo el sistema de ventas del fabricante de audífonos e ideó una forma de comunicarse con los sordos de todo el mundo. Luego presentó su plan a la compañía y, de inmediato, le dieron un puesto de trabajo para que llevara a buen término su ambición.

Gracias al ingenio de Blair, nombre de aquel niño que nació sin cualidades auditivas y de habla, los carentes de audición se beneficiaron en todo el mundo, hasta nuestros días. Su aparente dificultad, verdaderamente, se tornó en una ventaja cuando se convirtió en un hombre destinado a pagar dividendos en dinero y en felicidad por millares durante el resto de su vida.

LA FÓRMULA ROCKEFELLER

l primer multimillonario de EEUU, el señor John Davison Rockefeller, tuvo que trabajar desde niño para ayudar a su mamá ya que su padre, con frecuencia, se encontraba ausente porque trabajaba muy alejado del seno familiar por largos periodos de tiempo.

La primera semana de trabajo llegó a su casa con 1,50 dólares y se los entregó a su madre. Pero la madre, antes de guardarlo en su regazo, le susurró:

— Hijo, sería muy feliz si dieras la décima parte de lo que has ganado a Dios, nuestro Señor.

El muchacho, desafiado por la sugerencia de su madre, se lo pensó profundamente. A partir de ese instante el enfoque de su vida cambió radicalmente. Muchísimo después, refiriéndose a ese cambio radical, solía declarar a los medios de comunicación:

— *A partir de aquella semana, hasta hoy, he diezmado cada dólar que Dios me confió.*

Ese hecho hizo también que el niño Rockefeller, a temprana edad, ya comenzara a interesarse en negocios. Por ejemplo, su primer negocio se remonta a su vida de colegio. Se dedicaba a recolectar piedras de tamaños diferentes y las pintaba de todos los colores. Luego las vendía a sus propios compañeros. Todas sus ganancias las guardaba en un bote azul, denominado: caja fuerte. Consiguiendo finalmente unos buenos ahorros para la época: 50 dólares.

Tiempo después, un granjero amigo le pidió dinero prestado a su padre. Pero como éste no tenía, y el joven Rockefeller sí, le prestó el dinero al amigo de su padre con un interés del 7 por ciento anual. Cuando finalmente el amigo de su padre le devolvió el dinero y sus intereses, el joven Rockefeller se sorprendió de cuánto dinero había hecho.

De aquel suceso aprendió que su dinero debería trabajar por él y no él por el dinero. De ahí su consejo para las generaciones futuras acerca de la ciencia del dinero: "*no trabajes por dinero, deja que el dinero trabaje por ti*".

Con el tiempo su fama se extendió por toda la región y luego por todo Estados Unidos. Como siempre ocurre, no faltaron admiradores y seguidores de sus principios descubiertos. Por ejemplo, cierto día algunas personas, que habían estudiado en el mismo colegio y en la misma universidad, queriendo congraciarse con él para arrebatarle algún secreto oculto que justificara su prosperidad, le dijeron:

— ¿Cómo es que te volviste un hombre rico y nosotros, que hemos estudiado en el mismo colegio y en la misma universidad, apenas logramos vivir decentemente?

Él contestaba:

— Es que el enfoque vuestro con respecto a la riqueza es diferente al mío. Si vuestro único objetivo es ser ricos nunca lo alcanzarán. Tenéis que cambiar vuestro enfoque.

Entonces los interrogadores insistieron:

— ¿Y cuál es ese enfoque correcto que tú tienes frente a la riqueza?

Él les dijo:

— Hay que tener una cosa bien clara: "*la riqueza viene a ti cuando has realizado algo que beneficie a las demás personas ya sea con tu trabajo, inversiones, productos y servicios*". Si una persona hace esto, como una norma cotidiana, la consecuencia es siempre el dinero.

Así quedaba claro que su lógica, a diferencia de sus interlocutores, era realmente distinta. Pues, en otras palabras, su secreto residía en desarrollar en sí mismo la conciencia de dar a otros.

A medida que su fama de hombre rico se iba extendiendo, fue despertando también en muchos sectores de la sociedad ciertas curiosidades. Tal fue el caso de la Revista Forbes, cuyos administradores se dejaron atrapar por el carisma del señor Rockefeller para hacer millones de dólares. Por eso le preguntaron:

— ¿Cuándo se inició en la ciencia de hacer dinero?

Don Rockefeller les contestó:

— Pues el día en que mi madre me hizo comprender que si uno da a otros también comienza a recibir. Y conmigo sucedió eso: *cuando comencé a tener dinero en mi infancia, también comencé a darlo a otros; inclusive comencé a incrementar estos regalos conforme mi ingreso iba incrementando.* Si yo no hubiese dado el diezmo del primer dólar que había ganado tampoco habría dado el diezmo de mi primer millón de dólares.

En vista de que la respuesta del señor Rockefeller era tan clara, estos señores, como los anteriores, queriendo sacarle una fórmula para volverse ricos como él, continuaron:

— ¿Podría decirnos si existe alguna fórmula que las personas podrían seguir para volverse ricos?

Él les respondió categóricamente:

— No. No existe una fórmula. Sin embargo, si uno quiere ser amigo de la riqueza tiene que comenzar por preguntarse: *¿qué es lo que las personas del mundo necesitan de mí que yo sepa hacer bien?* Luego, deberá comenzar a responder relacionando las necesidades de las gentes con los propios talentos y cualidades. Finalmente, deberá ponerse a trabajar al servicio de ellos.

Esos tres principios descubiertos por el magnate estadounidense, repercutieron también en la educación y formación de sus propios hijos. Por eso, al enseñar los principios del dinero, solía decirles:

— De los 25 centavos de dólar que les doy cada semana deberán dar el diez por ciento a Dios, ahorrar el otro diez por ciento y controlar el resto, llevando registros contables que deben ser balanceados cada fin de mes, bajo mi supervisión, para estar al tanto dónde está cada centavo que habéis ganado.

Los hijos, para cumplir el propósito de su padre, trabajaban en la huerta produciendo hortalizas y criando conejos. Aprendieron a ganar su propio dinero y administrarlo correctamente.

Muy posteriormente, el propio Rockefeller dio testimonio, de su empeño por criar a sus hijos en el espíritu de trabajo y sacrificio, ante los periódicos importantes de los Estados Unidos. Así que, como estos medios le pidieron que emitiese un consejo a las generaciones presentes y futuras, declaró:

— *Díganles a sus lectores y oyentes que les enseñen a sus hijos a dar el diezmo, y ellos crecerán y serán administradores fieles del Señor.* Porque ser fieles en lo poco, es una prueba de carácter. Antes de darle mucho a alguien, usted prueba el carácter de aquella persona observando su comportamiento en lo poco.

Todo eso lo decía porque provenía de una familia muy laboriosa, creyente, y ocupada de cumplir las exigencias de su propia ética calvinista. Gracias a esos principios comenzó dando diezmo desde que era pequeño y terminó convirtiéndose en uno de los hombres más ricos de la historia de la humanidad, a través de la industria del petróleo. Así Rockefeller se constituyó como un magnate estadounidense que tuvo una reputación merecida, durante mucho tiempo, de ser el hombre más rico del planeta. Este millonario pasó los últimos 40 años de su vida realizando campañas filantrópicas, dando cerca de la mitad de su fortuna.

Los principios del dinero, descubiertos por el magnate estadounidense, siguen vigentes hasta hoy por medio de la Fundación Rockefeller, tanto en África como en India, especialmente en los lugares más pobres de aquellos países. De hecho, esta Fundación tiene como principios éticos los siguientes:

- ✓ Tal como des, así recibirás.
- ✓ Cuando des tu tiempo a otros, otros te dedicarán su tiempo.
- ✓ Cuando des dinero a otros, otros te compartirán su dinero.
- ✓ Cuando des amor a otros, otros te compartirán su amor.
- ✓ Cuando des regalos a otros, otros te regalarán.
- ✓ No seas avaro, haz todo desde un pensamiento de abundancia.
- ✓ Toma tus decisiones desde un estado de gozo por el simple hecho de dar, sin esperar algo a cambio de esa persona.

Finalmente recuerde el gran consejo del magnate de aquel tiempo: que cada vez que te duela "DAR" es un recordatorio de tu mente, de que estás viviendo desde el punto de vista de la escasez.

EL CHARCUTERO

Cierta vez, un charcutero se encontró sin trabajo debido a la quiebra de la empresa para la que trabajaba, pues todas las máquinas de ésta se tornaron obsoletas debido a los avances de la ciencia y otros cambios de la sociedad de entonces, y el poco interés de salvar la empresa por parte del dueño.

Entonces, habiendo ocurrido aquella desgracia, el charcutero que había sido despedido, vio sus fondos de subsistencia, sus ahorros, las ventajas y desventajas en caso de continuar en la misma empresa que había quebrado, la gama de posibilidades que podrían salvar su situación económica y la de su familia.

Entre las ventajas que descubrió fue la de mirar su experiencia con respecto a su habilidad en la teneduría de libros. Es entonces que decidió: hacer unos cursos intensivos de contabilidad especial, perfilada netamente a la intención de aprovechar su talento. Se familiarizó con las últimas tecnologías y novedades referentes a su campo, especialmente en cuestión de teneduría, equipos de oficina y otros ajustes para comenzar a trabajar por su cuenta.

Empezó como charcutero independiente, haciendo contratos con más de cien pequeños comerciantes para llevarles la contabilidad de sus negocios, cobrándoles una tarifa mensual muy baja.

Su idea fue tan práctica que, muy pronto, empezó con la idea de montar una oficina portátil en un pequeño camión de reparto, equipado con máquinas de última tecnología para la teneduría de libros.

Como las cosas fueron marchando tal como lo había ideado, tiempo después, compró una "flota" de oficinas rodantes, contrató más ayudantes y, poco a poco, superó la fama inicial, llegando a proporcionar a los pequeños comerciantes un servicio de contabilidad equivalente a los mejores charcuteros, a un precio muy conveniente.

Y habiendo conseguido un buen capital, con sólo una "flota", con las últimas ganancias, decidió comprar dos nuevas "flotas", posteriormente cinco, llegándose a constituir el negocio más exitoso en cuestión de teneduría de libros como ocupación principal.

Pocos años después, el propietario de aquel negocio dobló en casi diez mil veces lo que ganaba cuando trabajaba para la empresa charcutera inicialmente.

Posteriormente, contrató los servicios de una joven mecanógrafa que podía poner por escrito toda la idea que le llevó al éxito; preparó un librito muy atractivo que describía exactamente las grandes ventajas de tener un nuevo sistema de teneduría de libros. Las páginas de aquel libro se hallaban cuidadosamente mecanografiadas, con un anexo que brindaba los pasos exactos para montar un negocio parecido, cuya parte restante del libro relataba la historia del nuevo negocio que le había llevado hasta la cumbre del éxito.

Con la publicación de aquel famoso texto práctico de "*cómo montar una empresa de teneduría de libros*", aquel hombre, triplicó su negocio y, pronto, los medios de comunicación y los dueños de las famosas revistas de la ciudad, acudieron para sacarle frutos a su método práctico no solo para montar un negocio similar, sino la posibilidad de aplicar el mismo a otro tipo de negocios.

El charcutero, muy pronto, se hizo famoso por su emprendimiento y por ser un empresario práctico, muy renombrado. Desde ese día, comenzó a captar una multitud de emprendedores, que querían su libro y una incalculable cantidad de clientes, más de los que podía atender.

El comienzo de este provechoso negocio fue una idea provocada por la quiebra de una empresa charcutera, que terminó en la consolidación de una empresa exitosa ejecutada por un charcutero. Así se cumplió el dicho: *"todo éxito, todo logro, toda riqueza ganada tiene su principio en una idea"*.

LA AUTOMOTIVACIÓN DEL SEÑOR TOM

El señor Tom Gordon tenía un problema severo con la timidez y el miedo. Se decía a sí mismo, a la hora de afrontar situaciones desafiantes ante las oportunidades: "me siento mal", "no tengo tiempo", "la suerte no me acompaña", "lo hacemos mañana", "me da miedo", "soy un profesional mediocre", "soy un mal padre de familia", "mis hijos son mejores que yo", etc. No obstante, trabajaba como vendedor de automóviles.

Gran parte de la tarea del señor Gordon consistía en telefonear a sus posibles compradores y convenir citas para hacerles una demostración. Pero los clientes, al advertir su tímida voz, solían decir: "no estoy interesado en su oferta" y colgaban el teléfono. Esta situación embarazosa ocasionaba reiterados desencantos en él.

Sin embargo, el mismo señor Tom advertía que cuando participaba de las conferencias de los días lunes para todos los vendedores —impartidos por el gerente de ventas de la empresa— resurgía en él las ganas de vender. Esas ganas de vender solían funcionar como si fueran un energizante para el día siguiente y parte del otro. Luego, todo se desvanecía y el resto de los días se repetía la misma historia desmotivadora.

Un buen día, pensó para sus adentros: "si el gerente de ventas es capaz de motivarme con sus conferencias, ¿por qué no puedo ser yo mismo el artífice de mi propia motivación? ¿Por qué no darme yo mismo una conferencia de motivación?". Aquel día memorable, decidió "venderse a sí mismo" como si fuera uno de los productos más populares de América. A partir de entonces su objetivo fue "venderse, revenderse, y volver a venderse".

Entonces por el lapso de un mes, al despertarse y antes de acostarse, se decía a sí mismo: "soy el mejor vendedor de coches; trato muy bien a las personas, especialmente a mis clientes; ellos necesitan estos carros y yo voy a vendérselos, revendérselos y volver a vendérselos".

Luego comenzó a darse a sí mismo las charlas de automotivación. Poniéndose delante de un enorme espejo, practicaba todos los ademanes posibles, la vocalización y acentuación de las palabras, como si estuviera persuadiendo en el mismísimo momento a sus clientes, ya para venderles el coche que necesitan, ya cerrando una venta, con la única finalidad de mejorar sus condiciones y habilidades para persuadir a sus clientes.

Aquellas estrategias, practicadas disciplinadamente, día tras día, al cabo del mes comenzaron a dar los frutos deseados. Él mismo se sintió más convencido de sí mismo, más seguro, más persuasivo y tolerante con las negativas de los clientes. De hecho, antes de llamarles, alentaba sus deseos de ser el mejor vendedor del mundo, como quien tiene las agallas y la fuerza suficiente para conseguir los resultados deseados.

Un lunes por la mañana, al concluir la conferencia, el gerente de la compañía le propuso al señor Gordon impartir la próxima conferencia a los vendedores, indicando:

— He visto tu desenvolvimiento en las ventas. Sin embargo, te pido que me reemplaces en la conferencia del lunes próximo.

El hombre, advirtiendo que ésta era una gran oportunidad —tal vez la única— se limitó a asentir y aceptó el reto. Ese mismo día comenzó a preparar aquella charla, con la finalidad única de no defraudar la confianza del gerente.

La preparó muy bien, la practicó, trató de verse persuadiendo a la multitud al frente de un inmenso espejo, convenciendo a la gente con los recursos que tenía, recurriendo a los ademanes y signos de los que echaba mano, incluso haciendo de sí las veces de un producto de venta.

Luego, llegado el día y la hora, pronunció su conferencia y fue todo un éxito, tanto es así que muchos pequeños emprendedores fueron a felicitarlo e inscribirse para las futuras charlas.

De la misma manera, al finalizar la conferencia, el propio gerente de la Compañía se acercó para felicitarlo y elogiarlo por su magnífica presentación.

De hecho, le dijo:

— ¡Felicidades...! ¡Estoy asombrado de ti! ¡Sabía que no me ibas a defraudar! ¡Fue estupendo! Nunca fui partícipe de una conferencia tan bien hecha, cautivadora y persuasiva. Te aseguro que toda la gente se sintió complacida al escucharte decir con tanta convicción y tanta seguridad. ¿Sabes? Te tengo una propuesta —continuó—.

Tom, contestó:

— Lo que usted diga, señor gerente.

El gerente, siguió:

— A partir de ahora te nombro oficialmente como el conferencista de esta gran Compañía.

Desde ese instante, el señor Tom, encarnó en él lo que significa ser el conferencista más reputado de la historia de la Compañía. Con su aporte significativo, hizo que la empresa mejore considerablemente.

Tan solo necesitó de una oportunidad y la aprovechó sobremanera para procurarse una vida llena de éxitos en el ámbito de la superación personal y profesional. Acabó con todas las excusas, revirtiendo lo negativo respecto a sí mismo en algo positivo y beneficioso para su crecimiento personal.

Así, en base a la automotivación, el señor Tom se procuró para sí el título del "vendedor más grande de la Compañía y el conferencista más renombrado de la historia del estado Florida de los Estados Unidos de América".

EL DESEO ARDIENTE DE LINCOLN

uando Estados Unidos se encontraba sumergido en la división, sobrellevando el azote de la guerra y la esclavitud, Abrahán Lincoln, como presidente de la nación, emprendió un conjunto de acciones y entre ellas la décima tercera enmienda para abolir la esclavitud.

En aquellos años, un niño esclavo tenía un precio de 600 dólares y dos jóvenes costaban 700 dólares. La situación era tal que el presidente de los Estados Unidos acudió a su investidura para que los negros dejen de ser propiedad de los blancos y sean reconocidos tal como son: ciudadanos de aquella sociedad porque, según él, 'todas las personas eran iguales'.

Bajo esa convicción, se reunió con el presidente de la cámara, el señor Stevens, para pedirle que el 31 de enero ponga a votación la enmienda. De hecho, le dijo:

— Señor Stevens, las leyes vigentes de los estados permiten la calamidad de la esclavitud, pero, si las invalidamos, aprovechando el contexto bélico, podremos procurar la abolición total de la esclavitud.

El presidente de la cámara pareció acceder a las pretensiones del señor Lincoln. No obstante, indicó:

— Señor Lincoln, para alcanzar lo que quiere, hace falta veinte votos de los representantes de los estados sureños. Usted tendrá que convencer a los demócratas para que voten a favor de la enmienda y yo tendría que hacer lo mismo con los republicanos.

Entonces intervino el secretario de Estado quien, haciendo algunas observaciones de carácter legal, mostró su desacuerdo respecto a la pretensión del presidente de la nación. Sin embargo, ante la postura poco decisiva del funcionario, increpó Lincoln:

— ¡Antes de que acabe el mes tengo intenciones de firmar esa enmienda y usted debe colaborar con esa intención!

Dicho esto, viendo que no había forma de hacer cambiar de idea al presidente, sus interlocutores se retiraron de su presencia.

El día 27 de enero, reunidos todos los representantes de la Casa Blanca y los representantes de los estados del norte y del sur, intentaron sabotear las pretensiones de Lincoln pidiendo sólo la aprobación de la igualdad legal y no la igualdad racial. Así, estando presente el presidente de la cámara, el presidente de la sesión preguntó al señor Stevens:

— Señor Stevens, cree usted que 'la igualdad de todos los hombres' tiene un sentido literal, ¿verdad?

El presidente de la cámara, sabiendo que la pregunta tenía doble sentido, se limitó a contestar:

— Según mis principios legales, yo creo sólo en la igualdad de todos los hombres ante la ley y nada más.

El representante republicano replicó:

— Eso no es cierto, siempre dijo que 'los negros y los blancos son iguales'.

Y el señor Stevens, al verse exigido, repitió lo dicho varias veces:

— No creo en la igualdad en todas las cosas, sino sólo en la igualdad ante la ley.

Sin embargo, los adversarios más recalcitrantes de la consigna de la igualdad racial, el representante de Ohio, refutó más severamente:

— Señor Stevens, su atroz intento de confundir a toda la sala no es digno de un representante y, en realidad, no es digno de un blanco.

Stevens, vistiéndose de coraje y valor, contestó:

— ¿Cómo sostener que todos los hombres son iguales cuando veo ante mí con disgusto el cadáver moral del representante de Ohio? Es prueba de que hay hombres inferiores dotados de poca inteligencia, impermeables a la razón; con ácido frio y caliente en sus venas en vez de sangre. Usted, señor George, es más reptil que humano. Incluso alguien inútil como usted debe ser tratado con igualdad ante la ley. Por eso no creo en la igualdad de todas las cosas, sino sólo en la igualdad ante la ley.

Dicho esto, el señor Stevens se retiró de la sala, mientras del recinto de deliberaciones se apoderaban las discusiones, rechiflas y murmuraciones.

Cuando el señor Stevens abandonó la sesión, en las afueras de la sala, se acercó uno de los representantes de los estados del sur y le dijo:

— Señor Stevens, esta vez me sorprendió; encabezó una batalla por la igualdad ante la ley después de veinte años. ¿Pero se negó a decir que los negros y los blancos son iguales? ¡No entiendo!

Pero el señor presidente de la cámara, haciendo caso omiso de las palabras de su interlocutor, guardó silencio y se dirigió a su casa para descansar.

Así es como los deseos de Lincoln se iban realizando poco a poco, gracias a la predisposición de sus colaboradores y aliados que, como si fueran programados, respondían con creces a los objetivos del presidente de la nación.

De hecho, todos los que estaban del lado de Lincoln, comenzaban a percibir el apoyo de las multitudes, haciendo crecer su fama, su persistencia en la ejecución de gestiones concretas para la aprobación de la décima tercera enmienda.

Esa tarde, cuando su hijo había decidido ir a la guerra —al considerar que esto para él era cuestión de honor— fue seriamente advertido por su esposa. Siendo partícipes de una presentación de teatro, la mujer le dijo:

— Si se aprueba la enmienda, se abolirá la esclavitud; pero pobre de ti si no regresa mi hijo de la guerra; te la verás conmigo.

Abrahán Lincoln, confiado en su proyecto que iba por buen camino, no contestó nada, se limitó a dirigirle una mirada y asentir con unas muecas con la cabeza.

No obstante, al salir del teatro, se adelantó la señora Lincoln y la sirvienta de color aprovechó para agradecerle al presidente por el gran trabajo que estaba llevando a cabo. Al mismo tiempo le manifestó:

— Señor Lincoln, gracias por el trabajo que está haciendo. Confío plenamente en usted y en su capacidad, de que la votación será a su favor.

El presidente contestó:

— Tiene razón señora. Ahora veo que lo que dices y lo que pienso no son diferentes.

Ella replicó:

— Sí señor Lincoln. Soy la madre de un soldado que murió por la libertad y eso es lo que soy para esta nación, una madre.

Dicho esto, Lincoln se dirigió al lugar donde los representantes republicanos se divertían con el juego de las cartas. Les habló de sus intenciones de aprobar la enmienda y de la necesidad de su colaboración. Sin embargo, uno de ellos interpuso:

— No creo que estemos listos para la emancipación.

— Pero tampoco estamos preparados para la paz — replicó Lincoln.

Y, dejándoles la tarea de convencer a sus colegas, fue a reunirse con los suyos que aún mostraban cierta resistencia a su proyecto. Sin embargo, al saber que ninguno quería ceder y la mayoría parecía manifestar su desacuerdo, golpeando la mesa, dijo:

— ¿No logro obtener una colaboración para deshacernos de la esclavitud y terminar con esta pestilente guerra? Yo necesito esa enmienda, porque esta enmienda es la cura. Estamos ante la mirada de todo el mundo con el destino de la dignidad humana en nuestras manos. Vean lo que tienen enfrente, es lo que cuenta, abolir la esclavitud. Una enmienda constitucional podrá definir el destino de millones y de millones que nacerán. Dos votos definirán todo, tenemos que obtenerlos ahora.

Entonces intervino el asesor legar del grupo, reafirmando lo siguiente:

— Sí, el presidente tiene razón. Necesitamos, al menos 4 votos más.

Y Lincoln, recurriendo a su investidura, dictaminó:

— ¡Tienen un día y medio! ¡Ahora salgan de aquí y consíganlos!

Pero uno de los interlocutores más testarudos aún siguió:

— Si, pero, ¿cómo?

Lincoln, al ver que esto no se lo esperaba, se enfureció y ordenó:

— ¡Esto es demasiado! Soy el presidente de los Estados Unidos de América, investido de un inmenso poder. ¡Van a obtener esos votos! ¡Ahora!

Todos los colaboradores de la Casa Blanca, sin ninguna otra opción si no el de conseguir los votos necesarios, se retiraron de la presencia del presidente. Sin duda, a Lincoln le pareció la única forma de hacerlos comprender lo que significaba su proyecto.

La histórica mañana del 31 de enero de 1865, el día de la gran asamblea, se reunieron todos los representantes de los estados. Y en una acalorada sesión, entre republicanos y demócratas, conservadores y liberales, se consiguió la votación requerida a favor la enmienda.

La enmienda consiguió 119 votos a favor, 8 abstenciones y 56 en contra.

Impulsada por la corrupción y apoyada por el hombre más puro del país, Abrahán Lincoln, se aprobó la enmienda, con el siguiente tenor:

"Una enmienda a la constitución de los Estados Unidos, sugerida y adoptada:

1º. Ni la esclavitud ni la servidumbre involuntaria, excepto como castigo por un crimen del que el individuo fue acusado legalmente, existirá en los estados unidos, ni en territorios sujetos a su jurisdicción.

2º. El congreso tendrá la facultad de aplicar esta enmienda a través de la legislación apropiada".

Desde entonces blancos y negros fueron declarados iguales, libres, ciudadanos de un mismo pueblo.

EL PODER DE LA AUTOSUGESTIÓN

L eliz, una muchacha de 19 años, frecuentaba el programa de televisión *"Yo me llamo"* por las noches, después de un ajetreado día de trabajo.

El objetivo de *"Yo me llamo"* consistía en buscar al mejor imitador de su artista musical favorito, a través de audiciones y presentaciones en directo. El mejor imitador, en este caso el ganador, debía recibir un premio considerable de dinero en efectivo.

Evidentemente, como en las grandes urbes, se presentaron muchos artistas y, entre ellos, no faltó alguien que quiso imitar a Raphael (artista que se caracterizaba por su expresión facial, en 1966). Pero cuando este imitador salió al escenario, Leliz se estremeció de cuerpo y alma. Nunca antes había visto a alguien tan parecido a Raphael, como aquel artista cuyas interpretaciones había cautivado completamente su atención.

Aunque Raphael era casi parte del pasado, para ella, esta vez no pertenecía al pasado, tanto es así que según ella estaba viendo al mismísimo artista. De modo que se enamoró perdidamente. Desde entonces, el imitador de Raphael invadió completamente su corazón.

Al día siguiente fue a su trabajo y, no pudiendo contener su sentimiento de enamorada, reveló la noticia a sus compañeras de trabajo. Les dijo:

— Si supieran, a noche, en el programa *"Yo me llamo"*, he visto al mismo Raphael y me he enamorado. Siento una sensación enorme de que he encontrado "el amor de mi vida". Si lo tengo a él, lo tengo todo. ¿Pueden decirme dónde vive? ¿Dónde le encuentro?

Tal era su convicción que parecía real lo que estaba diciendo. Y, evidentemente, su rostro lo constataba y sus amigas de trabajo también decidieron apoyarla en su nueva aventura.

Desde entonces, Leliz se procuró todos los recursos para poder encontrar a aquel anhelado Raphael. Buscó en internet, especialmente en facebook, de donde obtuvo algunos datos importantes y algunas fotos, algún correo electrónico, entre otros.

Le escribió por correo electrónico algún mensaje, pero Raphael nunca contestó. Pero gracias a facebook ya tenía otra pista, la universidad donde estudiaba. Intentó averiguar en esa universidad y, entre tantos estudiantes, no pudo ubicarle.

Posteriormente descargó algunos videos que el canal de televisión había subido a Youtube, algo referente a Raphael y, siempre que tenía tiempo, reproducía esos videos en su teléfono celular. En fin, a todos sus aparatos electrónicos de uso personal cargó no sólo los videos sino también las fotos y otros datos que podrían serle de utilidad.

Con el tiempo, todo lo que había podido recolectar le sirvió para hacer cada vez más suyo aquello que pretendía. Día que pasaba, se fue haciendo cada vez más real en ella la presencia de Raphael. Deseaba verlo con mucho anhelo, pensaba en él, escuchaba en su reproductor de música los temas favoritos de Raphael que, sin duda, recordaban el ser de aquel varón anhelado.

Cada vez más y más, fue familiarizándose con todo aquello que le transportaba hacia la realidad que anhelaba. Así el mentado anhelo, poco a poco, fue traduciéndose en su equivalente real.

La tarde de un martes 17 de octubre, cuando ella se dirigía hacia su casa, en la esquina de una plazuela, se encontró con el mismo Raphael con el que había soñado y del que se había enamorado cuando éste se había presentado en los escenarios de "*Yo me llamo*". Al verlo, completamente fuera de sí, se limitó a decirle:

— Raphael, el hombre que imitó a mi artista favorito….

Le tomó de la mano y un profundo silencio inundó todo su ser. Mientras tanto, el hombre, un poco sorprendido, le dijo:

— Te presento, a una compañera de la universidad…

Pero ella miró un poco a la compañera y le dirigió un apenas "Hola" porque estaba fuera de sí, porque había encontrado al hombre con quien había soñado día y noche. Posteriormente le abrazó y, el hombre, comprendió que aquella mujer estaba profundamente enamorada de él. Después de un buen rato Leliz recobró la calma y entonces registró en su teléfono celular el número del anhelado imitador de Raphael. Desde entonces se pudo contactar constantemente con el hombre de sus sueños.

Pasó la noche y, al día siguiente, con un rostro completamente renovado y alborotado, se dirigió a su lugar de trabajo. Estando allí se encontró con una amiga y lo primero que dijo fue:

— ¡Qué crees Sofía!

— ¿Qué? Contestó la otra.

Leliz continuó:

— ¡Encontré a Raphael! ¡Estoy feliz!

Posteriormente llegaron al lugar de trabajo muchas compañeras suyas y la noticia de su encuentro inundó los corazones de sus amigas.

Todas ellas se alegraron porque, una vez más, habían sido testigos de un rostro resplandeciente que testificaba la evidente habilidad de Leliz para emplear el principio de la autosugestión capaz de transformar su deseo en una obsesión ardiente. Y esto en su equivalente físico.

EL REY PELÉ

En opinión de muchos, el rey Pelé, cuyo nombre real es Edson Arantes (nacido en Tres Corazones de Brasil, en 1940), es sin lugar a dudas una leyenda del fútbol mundial.

Mientras aprendía el oficio de dominar el balompié, Pelé se ganaba la vida como limpiabotas. A los nueve o diez años de edad, cuando era solo un chavalín, vio llorar a su padre por primera vez porque Brasil había perdido el Mundial y nada menos que en su propia casa ante Uruguay, por 1 a 2, en 1950.

Este hecho le marcó profundamente al niño que, pretendiendo consolar a su padre, le dijo:

— No llores, papá, voy a ganar el Mundial para ti.

Las cosas se fueron realizando tan evidentemente que a los once años ya se habían fijado en él algunos equipos, aunque los principales clubes brasileños lo rechazaban.

Más tarde, a la edad de quince años llegó nada menos que al Santos, el equipo de su vida, después de la selección nacional de Brasil.

Aunque la promesa hecha ante su padre no era sino un simple susurro de consuelo, los vientos parecían soplar todo a su favor. Es así que ocho años más tarde, en 1958, fue convocado para la selección y se constituyó como la pieza clave en Suecia, cuando Brasil ganó por primera vez el mundial.

A partir de entonces se inició en los campeonatos mundiales una etapa brillante, marcada por la figura legendaria de Pelé, que asombró al mundo con su juego, su clase, su intuición, su control de la pelota y el disparo al arco contrario. De hecho, después de ese gran acontecimiento regresó a su patria rodeado con la aureola que caracteriza a las leyendas. Posteriormente fue llamado O Rei (o sea 'El Rey'), apodo que recibió en 1961 de la prensa francesa como sinónimo de tributo y admiración.

En los años venideros, Pelé confirmaría su propio mito, ganándose la consideración de mejor jugador de todos los tiempos al liderar el triunfo mundialista de su país en el Mundial de Chile en 1962. Más tarde, en 1970, repitieron el título en México, con lo cual pudo demostrarle a su padre que es posible cumplir una promesa que parecía inalcanzable. Pelé es un futbolista que jugó cuatro copas mundialistas y, de las cuales, ganó tres.

Luego, tras obtener todos los títulos posibles y haber contabilizado más de mil goles marcados en partidos oficiales (1.284 goles en 1.363 partidos, según las estadísticas), anunció su retirada del deporte activo en 1974 y, tres años más tarde, se retiró definitivamente recibiendo numerosos galardones y reconocimientos, tales como el Premio Internacional de la Paz, en 1978, o el de Atleta del Siglo, en 1980.

Rodeado de aureolas de una fama sin fronteras, y habiéndose convertido en el deportista mejor pagado de que aquel momento, Pelé inició una carrera relativamente exitosa en el cine como actor (llegando a participar en el largometraje de John Huston, Evasión o victoria, de 1981), y en la música, como compositor de varias piezas, entre las que se incluye la banda sonora completa de la película de carácter biográfico Pelé, en 1977.

Finalmente, el rey Pelé continuó ejerciendo una importante influencia en el mundo del fútbol desde sus despachos, y en 1995 fue nombrado ministro de Deportes en Brasil, cargo desde el cual impulsó la llamada *Ley Pelé*, con la cual pretendía modificar la legislación en materia de contratos deportivos entre clubes y jugadores.

La figura de este gran hombre del fútbol, que comenzó en una simple promesa, concluyó siendo un éxito total en su carrera especialmente a la hora de considerar sus registros futbolísticos imbatibles e inalcanzables incluso por el nivel futbolístico actual que se complace en ser muy exigente. El rey Pelé, como quien dice: "si no es el más grande de todos los tiempos, fue sin duda el primero de los grandes".

HENRY FORD Y SUS IDEAS

n lugar de trabajar en la granja familiar, como muchos de sus coterráneos, Henry Ford prefirió arreglar los relojes de los vecinos. Tenía un especial interés en el campo técnico y, de hecho, estaba obsesionado con hacer un "carro sin caballos".

La obsesión se manifestó cuando Henry Ford logró hacer, en 1896, un artilugio de cuatro ruedas impulsado por motores pequeños.

El éxito de la fabricación de automóviles atrajo a varios empresarios y comenzaron a trabajar juntos para establecer una empresa de fabricación de automóviles. Su primera empresa fracasó. La compañía nunca produjo con éxito un solo coche y sus inversores, molestos por el fracaso, expulsaron a Henry Ford de la asociación.

Sin embargo, aquel hombre ambicioso, sin dejarse afectar por la expulsión de la asociación, mantuvo vivos su convicción, su sueño, su idea, sus pensamientos, acerca de que un día sería capaz de producir y vender buenos coches, ya que estaba convencido de que *si preguntaba a sus clientes qué necesitaban, hubieran respondido "un caballo mejor"*.

Por tal motivo el señor Ford, aunque fracasó 5 veces en los negocios antes de fundar la legendaria y famosa *Ford Motor Company*, comprendió que el mismo fracaso no era sino una oportunidad para corregir los desaciertos en el emprendimiento y procurar, en el siguiente intento, ser más inteligente. De hecho, después de un fracaso, solía decir: "El fracaso es la oportunidad de comenzar de nuevo, pero más inteligentemente".

El creador de *Ford Motor Company* nunca renunció en sus esfuerzos por crear compañías y crear un coche que reemplace los carros que eran jalados por los caballos. A este respecto, muchos naturalistas interpretan a Ford como quien estaba del lado de los animales que no tenían por qué estar sometidos y explotados, padeciendo cargas e imposiciones antinaturales, por sus amos. Aunque esta interpretación parezca pretenciosa todo el mundo, en la actualidad, sabe que Henry Ford fue uno de los influyentes personajes en el mundo del automóvil.

Cuando *Ford Motor Company* se estableció como una gran empresa y se posesionó en la mente de los estadounidenses, no faltaron personas que llegaron a admirar la obra que había procurado hasta entonces. Un día, con la intención de arrebatarle algún secreto de su éxito, un admirador suyo se acercó y le preguntó:

— Señor Henry, estoy sorprendido de ver cómo de la nada ha hecho esta inmensa empresa.

Ford, sintiéndose aludido, contestó:

— ¿Cómo? Espere un momento. Dijo usted ¿de la nada? Esto no lo hice de la nada. Yo, esta empresa, la hice de mis sueños, de mis ideas, de mis pensamientos, de mis ambiciones, la hice de mis valores, de lo que soy.

Y así es como su interlocutor comprendió que lo que realmente hace valer a una persona son sus ideas, pensamientos y su forma de actuar.

LA REVISTA GUIDEPOSTS

El año 1945, los señores Lowell Thomas, Thomas E. Dewey, Eddie Rickenbackern y Branch Rickey, de los Estados Unidos, se entusiasmaron con la idea de crear una revista en la que se hablara de los altos potenciales que tiene el ser humano.

Como la revista era completamente nueva, el equipo no contaba con el dinero suficiente, ni suscriptores, ni mucho menos conocimientos editoriales. Con lo único que podían contar fue la idea de hacer una revista de esa índole y nada más.

Uno de ellos tuvo, además de la idea básica, la de contactar con un editor de periódicos, el señor Frank Gannett. Éste, examinando las intenciones de todo el equipo, colaboró con una suma de 700 dólares. Una cifra tan pequeña como esa, evidentemente, no garantizaba la continuidad de la empresa, pero, al menos, servía para preparar una lista de donantes a quienes se les envió la invitación para participar de la revista. Con esta estrategia se logró reunir la suma de 7.000 dólares americanos y, precisamente con esa pequeña cantidad, la revista *Guideposts* comenzó a elaborarse.

Sin embargo, al no disponer de publicidad —ya que aún era desconocida por la gente de entonces— dependía exclusivamente del volumen de ventas que muy lentamente crecía. Sin embargo, tiempo después, cuando la revista tenía alrededor de 20.000 suscriptores, sucedió una desgracia: un atroz incendio destruyó las instalaciones de la revista. Pero, por suerte, los ejecutivos pusieron todo su esfuerzo por salvar lo que se había comenzado y lograron restablecer la situación consiguiendo la suma de 40.000 suscriptores en los siguientes meses.

No obstante, los 40.000 suscriptores no fueron suficientes para salir de la crisis y alcanzar los objetivos del proyecto inicial. Con semejantes antecedentes, parecía inminente la renuncia y el cierre respectivo de las instalaciones de la revista para olvidarse y retornar a los trabajos tradicionales que cada cual hacía antes de haber comenzado el proyecto. De todos modos, como recurso último, el representante máximo del proyecto *Guideposts*, tuvo la idea de convocar a una reunión a todos los miembros e invitar a una mujer (que tenía la fama de tener muchos negocios prósperos de Nueva York) que había colaborado a la causa de la revista con la suma de 2.500 dólares. Ella, intuyendo las intenciones de todos los miembros de la revista, afirmó categóricamente:

— ¡Tengo que sacarlos de su miseria, sin darles ni un centavo de dólar!

Pero aquella declaración parecía hundirlos más en la miseria que levantarlos haciendo una inversión más fuerte en la revista. Sin embargo, la señora continuó:

— Aunque no les voy a dar dinero en efectivo, les daré algo mucho más valioso que el dinero. Les daré una idea creativa y dinámica y con la misma estarán seguros de contar con los recursos necesarios para seguir adelante.

Aun así, las cosas no fueron tan halagüeñas como para dar credibilidad a las palabras de la señora ya que había muchas cuentas que resolver como facturas por pagar. No obstante, la mujer continuó con la apuesta de ayudarlos y, examinando la situación, preguntó a la asamblea:

— ¿Cuántos suscriptores se necesita para restablecer la revista?

Uno de los representantes de la revista contestó:

— Necesitamos 100.000 suscriptores.

La extraordinaria mujer de negocios, dijo entonces:

— ¡Muy bien! Tener la cifra de cuánto se necesita, es primordial. Ya tenéis lo básico. Y, sin embargo, no es suficiente. Pero, ¡afrontemos, pues, la situación! Nos hallamos en una situación de escasez de todo: dinero, suscriptores, ideas e imaginación. ¿Por qué tenemos escasez? Ella siguió: — Porque hemos estado pensando en términos de escasez y hemos terminado por crear escasez.

Uno de la asamblea, preguntó:

— ¿Qué podemos hacer entonces?

Ella repuso:

— ¿Hacer? ¡Pues elevarse como hombres por encima de los pensamientos de derrota y escasez, como individuos y como equipo! Tal como Platón lo aconseja.

El interlocutor replicó:

— ¿Y qué es lo que aconseja Platón, que yo no haya escuchado? He leído todas las obras de Platón en la secundaria y en la universidad.

Ella justificó:

— Me refiero, precisamente, a lo que usted nunca escuchó ni leyó: "*hazte cargo de tus pensamientos. Puedes hacer lo que quieras con ellos*".

El hombre continuó preguntando:

— ¿Y cómo haremos eso?

Ella aconsejó:

— En este momento, dediquen 15 minutos a eliminar de sus mentes todos los pensamientos de escasez y de derrota.

Entonces dejaron transcurrir los 15 minutos, tal como la dama había ordenado, y la mujer continuó diciendo:

— Ahora que están vacíos de pensamientos de escasez y de derrota, examinen su imaginación creativa y háganse la imagen de las 100.000 personas leyendo nuestra revista y que hayan pagado por sus suscripciones.

Cuando acabó de decir estas palabras, entre otras, todos fijaron sus ojos en la mirada exaltada de una mujer creyente, como si hubiesen atravesado un evento de exorcismo, vieron reflejado como en un espejo los 100.000 suscriptores leyendo la revista *Guideposts*. Entonces todos se pusieron de pie y gritaron como si estuviesen delirando:

— ¡Los veo, los veo!

Y ella exclamó:

— Ah, ¿no es esto grandioso? Ahora que los vemos, ya lo tenemos en la práctica.

Luego, la mujer complementó:

— ¡Y ahora que lo tenemos, demos gracias a Dios por los 100.000 suscriptores!

Dedicaron un buen momento para dar gracias a Dios y, abrazados todos, escucharon la afirmación bíblica que repitió la señora: "*Y todo lo que pidan con fe, en su oración, lo obtendrán*" (Mt 21,22).

Desde aquel momento, encabezada por aquella mujer, cambió la perspectiva de todos los miembros de la revista *Guideposts*. Un aura de desentumecimiento les cubrió a los directores, aires de motivación se apoderó de todos los funcionarios y comenzaron a brotar en sus mentes ideas de éxito y de triunfo. Y, a los días, como por arte de magia, la revista nuevamente comenzó a moverse.

Tan solo, meses después, consiguieron no otros 100.000 suscriptores, sino más de 200.000, luego 500.000, después 800.000 y, finalmente, superaron el millón de suscriptores para la revista.

Actualmente, *Guideposts* supera con creces los dos millones de suscriptores y es aceptada en más de 350.000 empresas que la compran para sus empleados. Se ha convertido, quizá, en una de las revistas interconfesionales más leídas de la historia de los Estados Unidos. De hecho, la leen alrededor de 6.000.000 de personas.

EL LOBO DE WALL STREET

PARTE I

Jordan Belfort, educado por dos contadores en un pequeño apartamento en las afueras de Nueva York, al cumplir 26 años de edad, se convirtió en jefe de su propia firma de corredores de bolsa ganando 49 millones de dólares y pretendió ganar 1 millón de dólares en una semana.

Tenía una esposa llamada Nohomi (duquesa, ex modelo y chica de calendario) y fue propietario de una colosal mansión, un jet privado, seis autos de lujo, 3 caballos, 2 casas de verano y un yate de 170 pies. Fue también un apuesto degenerado.

— De todas las drogas que hay en el mundo, hay una que es absolutamente mi favorita —dijo un día—. La cantidad suficiente te hace invencible, capaz de conquistar el mundo y destruir a tus enemigos. Estoy hablando de esto —continuó, mostrando un billete de 100 dólares—. El dinero no sólo te compra una mejor vida, mejores coches y mejores lujos, también te vuelve una mejor persona, ya que puedes ser generoso con la iglesia, ayudar al partido político de tu predilección o salvar animales en peligro de extinción —agregó.

Un día, tan sólo a sus 22 años, estando recién casado y con grandes ambiciones, decidió viajar al único lugar del planeta donde podría él satisfacer su hambre de triunfo y ser un gran millonario.

Estando en el lugar indicado, debido a que había promovido una acción considerable en su primera entrevista para corredor de bolsa, fue contratado por Wall Street, pero como un trabajador de base, es decir, como un promotor, donde su inmediato superior había ganado la semana pasada 43 millones de dólares y el jefe de éste un millón de dólares.

En su encuentro personal con el Jefe de Wall Street, alimentó su interés de ser rico y comprendió que la única forma de serlo era, precisamente, llevando dinero del bolsillo del cliente al suyo. Y el mecanismo exacto consistía en no permitir que el cliente retire sus acciones, sino que las reinvierta, una y otra vez, y, manteniendo ese círculo, podía certificarse como un exitoso corredor de bolsa y verse a sí mismo como el futuro amo del universo.

Sin embargo, un lunes (llamado el lunes negro en realidad), la bolsa de Wall Street cayó 508 puntos. Ocurrió lo que nunca había sucedido hasta entonces. Y, debido a esta caída, Belfort y todos los trabajadores más inferiores, fueron expulsados. Su sueño de ser un millonario en las arcas de Wall Street se había truncado eventualmente.

— Jordan Belfort regresó a su casa y habló con su esposa.

Le dijo:

— Querida, acaban de expulsarme de Wall Street y estoy obligado a buscar trabajo. Pero, como bien lo sabes, seré millonario, cueste lo que cueste.

La señora, comprendiendo la ambición de su consorte, dijo como intentando consolarle:

— Sí, amor. Lo serás.

Entonces buscó otra opción, esta vez en Aerotime International, cuya base de datos era prácticamente rudimentaria por estar aún escrita en papeles. Se trataba de un mercado extrabursátil, es decir, ilegal. Esta compañía pagaba seis centavos por acción. Con esas ínfimas cifras de inversiones financiaban casas de ciertos trabajadores informales, de los que limpiaban basura de las calles; les ayudaban a comprarse botes, coches y hasta anillos de compromiso.

Cuando se presentó por primera vez en las oficinas de aquella compañía, el representante preguntó a Belfort:

— ¿Quieres invertir?

— No —contestó él. Estoy buscando trabajo —agregó.

— ¿Qué sabes hacer? —Prosiguió el gerente.

— Soy corredor de bolsa, —informó Belfort.

— ¿Y cuánto ganas por acción? —Continuó el gerente.

— 1 por ciento, por acción. Bueno, eso ganaba. Ya me despidieron —indicó Belfort.

— Aquí ganarás el 50 por ciento por acción —agregó el gerente—, mostrando que la oferta de su compañía era muy superior a la que acostumbraba ganar el hombre.

— Quieres decir que ¿si vendo 10 mil acciones mi comisión será 5 mil? —dijo Jordan completamente sorprendido.

— Sí, así es mi amigo. —Afirmó el gerente—. Y le pagamos al contante y sonante, —agregó.

A partir de ese instante, Jordan se convirtió en un eminente miembro de la compañía Aerotime International. De hecho, en uno de sus contactos con el primer cliente de la compañía, hizo el siguiente cierre de ventas por medio del teléfono:

— Señor John, la razón de mi llamada es que algo me llamó la atención con respecto a sus datos que nos ha dejado. Le digo que la compañía Aerotime International es una empresa de alta tecnología. Está ubicada en la zona rural del país y está a la espera de una inminente aprobación de patente para radares de detección de última generación, tanto para usos militares y civiles. Y, como tal, a nuestra compañía le augura un gran futuro. Le doy mi garantía, señor, John.

El interlocutor, viendo sus posibilidades y cálculos —a la vista y asombro de sus colegas—, contestó:

— ¡De acuerdo! ¡Hagámoslo! Invertiré 4.000, ¿está bien?

El señor Belfort aprobó:

— Eso es mi amigo. Acaba de tomar una buena decisión. Permítame cerrar esa compra y mi secretaria se comunicará contigo en unos instantes, ¿de acuerdo?

— De acuerdo. Gracias, muchas gracias, —afirmó el otro, sin estar del todo seguro.

— A ti las gracias por tu voto de confianza y bienvenido a Aerotime International. ¡Adiós John! — contestó Jordan.

— ¿Cómo chingados lo haces? —Preguntó uno de los que había seguido atentamente el exitoso cierre de venta de Belfort.

Sin duda, no era para menos. En menos de dos minutos Jordan había cerrado una venta de 4.000 dólares con una comisión líquida de 2.000 dólares para sus bolsillos. Desde ese momento, todos le miraban como si habría acabado de descubrir el fuego.

PARTE II

Días después, estando Belfort en un Bar, un vecino y vendedor de muebles para niños se acercó para preguntarle mirando el coche de Jordan:

— ¿Es tu coche?

— Sí, contestó Belfort.

— ¡Hola! Mi nombre es Johnny. ¿Sabes? A menudo veo tu coche y es de lujo; vivo en el mismo edificio, con mis dos hijos y mi horrible esposa. ¿A qué te dedicas? —Añadió el vendedor.

— Soy corredor de bolsa, —respondió Jordan.

— ¿Corredor de bolsa? —replicó el vendedor.

— Así es. ¿Y, tú, en qué trabajas? —preguntó Belfort.

— Vendo muebles para niños, —contestó el otro.

Belfort preguntó, aparentando cierto desinterés.

— Y, ¿cómo te va?

— Bien, —contestó el vendedor. Pero siguió insistiendo:

—¿ganas mucho dinero?

— Bueno, no me va nada mal, —contestó Jordan.

— No puedo entenderlo, tienes un auto de lujo y vivimos en el mismo edificio; no logro entenderlo.

Y siguió curioseando:

—¿Cuánto dinero ganas al mes?

— No lo sé. 70 mil, el mes pasado —señaló el interlocutor.

El otro, no dando crédito a la respuesta de Jordan, profirió:

—¡Vete a la…! ¡No digas mamadas!

— Belfort, se limitó a decir:

— No, es en serio. No son mamadas...Bueno, técnicamente hablando, setenta y dos mil y pico.

El vendedor, admirado por lo que decía, indagó:

—¿Ganaste 72 mil en un mes? Y continuó diciendo:

—¿Sabes qué?, muéstreme el cheque por 72 mil y renuncio a mi trabajo.

Y Jordan Belfort, le mostró el cheque; el otro lo vio y, llamando por teléfono, renunció a su trabajo. Y, desde entonces, el amigo se unió a Belfort. Jordan se asombró de aquella actitud, ya que había encontrado a otro que quería ser millonario. Luego concluyeron hablando de muchas cosas, entre asuntos de familia, relaciones y otras cosas.

Posteriormente ambos comenzaron a contratar corredores con ganas de hacer dinero y, evidentemente, llegaron a formar un buen equipo. Lo único común que tenía este equipo era su "obsesionado deseo de volverse ricos, ganar mucho dinero y ser millonarios". Se trataba de un equipo de jóvenes ambiciosos y estúpidos, y que en poco tiempo se volverían ricos.

Sin embargo, cuando Belfort volvió a su casa, a pesar del regalo que le llevó a su esposa, ella, mostró cierta disconformidad con lo que venía haciendo Jordan. Entonces le dijo:

— Las acciones de esa compañía, amor, no valen nada; sería bueno vender a la gente pudiente y no a los que apenas pueden pagar. A la gente adinerada no le importaría si pierde o gana, le da igual.

Belfort, viendo la utilidad del juicio de su esposa y contando con los colegas que se habían unido a su causa, fundó la nueva compañía llamada Stratton Oakmont.

Procuró su propio logo con su propia marca, sus nuevas instalaciones y, junto a ellos, un guión que les serviría de arpón para convencer a que esos peces gordos compren las acciones. Y, como estaba programado, al día siguiente, presentó a su equipo:

— ¡Amigos! Llegó la hora de reinventar la compañía. Bienvenidos a Stratton Oakmont. A partir de ahora, pendejos, van a venderle al uno por ciento más adinerado del país, a los peces gordos de esta sociedad. Stratton Oakmont debe convertirse en una compañía en la que ese uno por ciento pueda creer, confiar como en una marca tan emblemática como Wall Street. Primero promoveremos sólo acciones de primera línea y, cuando hayan mordido el anzuelo, les venderemos la basura. Le daremos 50 por ciento de comisión con la clave de posicionarnos en sus mentes y que, cuando Wall Street se entere, ya sea tarde.

Entonces, para hacerles una demostración, Belfort, tomando el teléfono comenzó. Su interlocutor, es decir, el cliente, contestó a la oferta de Jordan:

— Lo siento… Agradezco su llamada. Pero tengo que pensarlo bien y discutirlo con mi esposa.

Belfort, tapando el auricular del teléfono, dijo a sus colegas:

— ¿Ven? Nunca saben definir. Tienen que pensarlo, hablar con su esposa, con su hada madrina, y todo bla, bla, bla. El punto es no importa lo que ellos digan. El único inconveniente es que no confían en ustedes. ¿Y por qué deberían hacerlo? ¡Mírense! Son una manga de vendedores corruptos. Entonces ¿qué dicen? ¡Manos a la obra!

— ¿Es en serio lo que dices Kevin? —preguntó al interlocutor—, siguiendo con el guión, Jordan.

— Sí, es en serio. Además, no te conozco. Llamaste de la nada y no sé quién eres, —replicó aquel.

— Estoy de acuerdo contigo. Tú no me conoces, yo no te conozco. Tomaré el momento para presentarme, me llamo Jordan Belfort. Soy el vice-presidente de Stratton Oakmont y lo que planeo es ser uno de los mejores corredores de mi firma en el año entrante, y no me equivoco al tratar así contigo, —sentenció el hombre.

— Lo que quiero decir es que pareces bastante sincero, —replicó el otro.

— Te entiendo. No te volverás pobre, te mantendrás rico. Pero déjame decirte que, Stratton Oakmont, al menos, te servirá como referencia para futuros negocios.

— ¡Afirmativo, amigo, afirmativo! —Indicó el interlocutor.

— ¿Te sientes seguro conmigo, señor, Scoot? ¿Eso quiere decir que encontraste un corredor de Wall Street en quién puedes confiar y que ganas dinero con-sis-tente-mente?

— Bueno…eres…debo decir que estoy impresionado y no sé en qué estás pensando tú, —replicó el otro.

— Entonces le interrumpió Belfort y dijo:

— ¿Kevin? Solo dame una oportunidad con un capital sólido como Kodak y, créeme, Kevin, el único problema que tendrás será no haber comprado más. ¿Te parece justo?

— ¿Qué más da? Mi esposa me pedirá el divorcio, pero sí, ¡hagámoslo! ¡Maldita sea! —apuntó Kevin.

— Excelente decisión Kevin. ¿Cuánto quieres invertir? —preguntó Belfort.

— Vamos con 5 mil dólares, —contestó el hombre.

— ¿Te parecen 8 Kevin? —insistió Jordan.

— ¿Sabes qué? Que sean 10. ¿Quieres hacerlo? —impuso Kevin.

— Excelente decisión Kevin. Voy a cerrar la compra ahora mismo. Y te llamo en unos minutos para darte la confirmación exacta. Y bienvenido a Stratton Oakmont, —concluyó Belfort.

— Gracias amigo, voy por una cerveza yo... Esto es divertido, —dijo Kevin.

Jordan repuso:

— Oye, cuídate Kevin.

— Gracias, muchas gracias, —contestó aquél.

Cerró la venta y dándose la vuelta a los suyos dijo con fuerte voz:

— ¡De eso estoy hablando! ¡Que se pudra ese pendejo! ¡Qué tipo tan idiota! ¡Nunca había tratado con alguien así!

Todo el equipo captó la idea. Y, en su primera semana, Straton Oakmont había ganado 28.7 millones por ventas en el mercado extrabursátil. Se convirtió en la mejor compañía del mundo, superando con creces a Wall Street.

Luego, en honor a semejante logro, se festejó a lo grande, con un gasto de 19 millones de dólares. Desde ese momento todos los miembros de Straton Oakmont se convirtieron en hombres y mujeres millonarios.

La noticia de la compañía se esparció por todos los medios de comunicación y Wall Street, muy pronto, se enteró de los rumores. Finalmente, la revista famosa Forbes de Wall Street publicó un artículo catalogándolo a Jordan Belfort como "El Lobo de Wall Street". El tenor del artículo decía: *"El lobo de Wall Street"*, un Robin Hood perverso, Jordan Belfort, que le roba a los ricos de los Estados Unidos para dárselo a sí mismo y a su banda de corredores.

Belfort, al enterarse del asunto les dijo a los suyos:

— Cada vez que hay alguien que tiene éxito en la vida, siempre hay algún idiota que quiere hundirlo.

A su pesar, es decir, a pesar de las investigaciones de FBI y otras instancias judiciales procuradas por Wall Street, Stratton Oakmaont, en unos meses más, duplicó y triplicó las ganancias. Posteriormente se mudaron a oficinas más amplias y puntos más estratégicos de Nueva York. Y las ganancias siguieron creciendo.

EL DESEO DE SCHUMANN-HEINK

rnestine Schumann-Heink nació en Liben, cerca de Praga. Su padre fue un zapatero y su madre se dedicaba plenamente a los quehaceres de la casa.

A la edad de tres años toda su familia se mudó a Verona para luego volver a Liben, posteriormente a Cracovia, después a Graz cuando ella tenía 13 años. Estos trajines tuvieron lugar debido a la guerra y a las constantes necesidades de sobrevivencia por parte de la familia Shumann-Heink.

En todo ese trajín su familia fue partícipe de muchas presentaciones de Óperas en las distintas ciudades por donde estuvo de paso ella y toda su familia.

Un ardiente deseo de ser cantante de Ópera se apoderó de ella y le llevó nada menos que a la presencia del director de Ópera de Viena, para que éste le hiciera la prueba de voz.

Insistió tanto que el director, no de buena gana, cuando ella se presentó, se negó a probarla, luego de echar un vistazo a la desgarbada y pobremente vestida muchacha.

De hecho, el día en que fue a presentarse ante el director, ella dijo:

— Señor Köhler, quiero ser una exitosa cantante en la Ópera que usted dirige. Por favor, pruebe mi voz.

Él, al ver su facha y otros detalles —pues estaba acostumbrado a tratar con gente de clase alta y de lujosa apariencia— nada cordialmente, exclamó:

— Con esa cara y sin ninguna personalidad, ¿cómo espera tener éxito en la Ópera? Antes bien, señorita, ¿quiere que le dé un consejo?

Ella, sin antes haber advertido la malicia de sus intenciones, asintió inocentemente:

— Por supuesto, señor.

Entonces el director de Ópera de Viena aconsejó:

— Señorita, olvide la idea de ser parte de la Ópera. Cómprese una máquina de coser y póngase a trabajar. Usted nunca podrá ser cantante.

Al parecer, el señor Köhler, sabía mucho de la técnica de canto, pero sabía muy poco del poder del deseo. Si hubiera conocido algo acerca del poder del deseo, no habría cometido el error de condenar el genio de Shumann-Heink y negarle toda posibilidad de realización.

Ernestine, sin dejarse afectar en lo mínimo por las apreciaciones del señor director de Ópera de Viena, siguió adelante con su deseo de ser una gran cantante. Algo más de un año después, estando aún en Graz junto a su familia, conoció a Marietta von LeClair, una cantante retirada de ópera, quien aceptó darle clases de canto.

El deseo implacable de Ernestine, de ser una exitosa cantante de ópera, estaba a punto de marcar un hito en la historia de la música y el canto. La clave de su deseo ardiente hizo de ella una apasionada mujer por el canto al punto que, en 1877, realizó su primera presentación profesional interpretando la Sinfonía número Nueve de Beethoven, junto a la soprano María Wilt.

Posteriormente, Ernestine realizó su debut de ópera en la Semperoper el 15 de octubre de 1878 como Azucena en *Il trovatore*. Esta presentación le consagró como una de las mejores cantantes de Ópera del siglo.

Ciertamente no hay nada incorrecto o equivocado en pensar que la confianza en sí mismo, sumada a un deseo ardiente o a un deseo obsesionado por lograr algo, tiene maneras tortuosas de transmutarse en su equivalente físico. Este poder está al alcance de todos, como lo estuvo al alcance de Ernestine.

HISTORIA DE DAN HALPIN

Cuando Dan Halpin estaba aún en la universidad, trabajó como manager para un famoso equipo de fútbol. Aquel equipo de fútbol se llamaba Notre Dame, el campeón nacional de fútbol del año 1930, cuando estaba dirigido por Knute Rockne.

Terminados sus estudios universitarios, el joven Halpin se aventuró en hacer algunas inversiones con los escasos recursos que hasta entonces había ahorrado. También se aventuró en el mundo del cine y otras aficiones propias de un joven.

Sin embargo, como la situación fue desfavorable para sus anteriores aspiraciones y las posibilidades de encontrar un buen trabajo se fueron haciendo cada vez más difíciles, contrajo una depresión tal que le obligó a replantear su situación. Así, Dan aprovechó la primera (o quizá la única) oportunidad con un futuro potencial, la posibilidad de vender audífonos a comisión de una compañía famosa.

Vender a comisión no era, evidentemente, un trabajo digno de mención ni mucho menos una labor rentable como para hacerse rico en poco tiempo. No. Es más, ese tipo de empleo podía tomarlo cualquiera y Halpin lo sabía muy bien. No obstante, precisamente ese trabajo, al parecer ínfimo, le bastó para abrir las puertas a la oportunidad.

Trabajó durante casi dos años de la misma manera, como había empezado, pero esta situación precisamente le creaba un disgusto tal que se vio exigido a revertir esa situación de insatisfacción. De modo que, estando en un empleo así, comenzó a aspirar al puesto de gerente de ventas de su compañía. Poco tiempo después, con algo más de iniciativa, obtuvo el trabajo.

Aquel salto inicial, de alcanzar un puesto por encima de la mayoría de los empleados de esa sección de la compañía, le permitió ver otra oportunidad mayor. Es así como, siendo gerente de ventas de su compañía, alcanzó una cifra tan elevada de ventas de audífonos que el mismo directivo principal de Dictograph Products Company, el señor Andrews, quiso conocer en persona a ese hombre llamado Dan Halpin. Entonces dijo a uno de sus asistentes más confiables:

— Por favor, señor Hadson, busca al señor Halpin y dile que venga; le esperaré en mi despacho.

El asistente contestó:

— Enseguida, señor Andrews. —E inmediatamente se fue en busca del gerente de ventas de la compañía.

Cuando se encontró con Halpin, le dijo:

— Señor Gerente, el presidente de Dictograph Products Company quiere verle, le espera en su despacho.

Dan, dejando sus funciones por un momento, se dirigió al despacho del señor Andrews y, éste, después de haberle entrevistado, le nombró como nuevo gerente de ventas de la Acousticon Division. Acto seguido, para poner a prueba el talento del joven Halpin, el directivo principal se fue durante tres meses a Florida, dejándolo solo, para ver si nadaba o se hundía aquel muchacho aparentemente talentoso para los negocios. Pero, el joven Dan, no se hundió, antes bien, inspirado en la filosofía de Knute Rockne de que "*todos adoran al ganador, pero no tienen tiempo para el perdedor*", se esforzó tanto que al regresar el señor Andrews, y todo su equipo directivo, lo eligieron vicepresidente de la compañía, en un puesto que muchos hombres y mujeres se sentirían orgullosos de haber alcanzado tras diez o más años de leales esfuerzos.

Sin embargo, el joven Halpin, después de haber descubierto su talento y haberlo ejecutado eficazmente, conquistó tan alto rango en poco más de seis meses. Desde entonces, el señor Dan marcó un hito en la historia de aquella compañía.

Es bien cierto lo que se dice: "escalar hasta las posiciones más altas, o quedarse abajo depende de las condiciones que podemos procurar y controlar nosotros mismos, si así lo deseamos".

LA ORDEN DE ALEJANDRO MAGNO

ntes del año 335 a. de C., al llegar a la costa de Fenicia. Alejandro Magno debió enfrentar una de sus más grandes batallas. Al desembarcar, comprendió que los soldados enemigos superaban en cantidad a su gran ejército. Eran tres veces más que ellos.

Sus hombres estaban atemorizados y no encontraban motivación para enfrentar la lucha, habían perdido la fe y se daban por derrotados. El temor había acabado con aquellos guerreros invencibles.

Sin embargo, Alejandro Magno, viendo la situación que requería de él una decisión que garantizara el éxito en el campo de batalla, desembarcó con todos sus hombres en la costa enemiga y luego dio la orden de quemar las naves que los habían transportado hasta allí.

— ¡Hombres de batalla, soldados de Alejandro Magno, quemad todas la naves antes de entrar en combate!

Las órdenes estaban dadas y habían de ser ejecutadas. Y así sucedió. Las naves habían sido quemadas y con ellas eliminadas todas las posibilidades de marcha atrás.

Y, mientras los barcos se consumían en llamas y se hundían en el mar, Alejandro reunió a sus hombres y les dijo en son de guerra:

— ¡Observad cómo los barcos se convierten en humo! ¡Esta es la única razón por la que debemos vencer, ya que, si no ganamos, no podremos volver a nuestros hogares y ninguno de nosotros podrá reunirse con su familia nuevamente! ¡Ahora no tenemos opción: *venceremos o moriremos*!

Entonces, uno de sus almirantes interrumpió:

— Pero, señor, ¿qué queréis que hagamos? Estamos reducidos, nuestras tropas huelen a derrota.

Sin embargo, el gran Alejandro, haciendo caso omiso a la intervención del súbdito, continuó diciendo:

— ¡Debemos salir victoriosos en esta batalla, ya que sólo hay un camino de vuelta y es por mar! ¡Caballeros, cuando regresemos a casa, lo haremos de la única forma posible, en los barcos de nuestros enemigos!

Motivados por las palabras de Alejandro Magno, todo el ejército se lanzó a la lucha sin medir las consecuencias, con la sola convicción de que a menos que ganaran la batalla regresarían con los suyos.

El ejército de Alejandro Magno venció la batalla. Y regresaron triunfantes a su patria a bordo de las naves del enemigo.

LEYENDA DEL GENIO

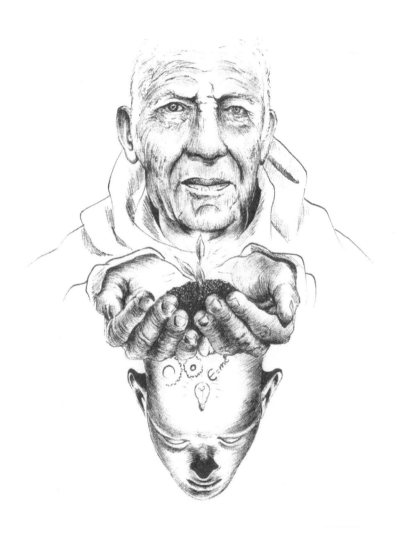

uenta la leyenda que los embajadores de los dioses se reunieron en las Isla de los Tornados. Después de largas sesiones de discusión y haber llevado a cabo una serie de experimentos poco comunes, con las propiedades más destacadas y extraídas de todos los seres vivientes e inertes, al fin habían logrado crear una especie de semilla poco usual, pero de un valor incalculable.

Tras haber creado aquella semilla surgió, entre ellos, el dilema de qué nombre debía llevar. Unos propusieron llamarle Elán, otros Virtus, algunos Hímeros, entre otros. Las propuestas fueron tantas que concluyeron formando un desacuerdo caótico. Entonces surgió la voz del embajador más anciano, de pelaje blanquecino y de tan solo ocho barbas blancas que se deslizaban por el mentón. Éste dijo:

— Ya que no os ponéis de acuerdo, respecto del nombre del resultado de nuestros experimentos, os sugiero darle el nombre de Genio, que significa: 'lo inacordado', 'lo innominado', 'lo incomprendido', 'lo increíble', 'lo que viene y va', 'lo que está ahí', 'lo incógnito', 'lo perenne', 'lo infinito', 'lo inmortal'.

Ante tal propuesta, como por arte de magia, todos estuvieron de acuerdo, pero surgió el dilema siguiente: "¿dónde esconderlo?" Entonces uno de ellos sugirió:

— Enterrémosle en lo más profundo de la tierra, al que ningún ser humano pueda tener acceso.

El más perspicaz replicó:

— Eso no funcionará pues, conforme los hombres van conquistando la tecnología, llegarán a escarbar hasta las profundidades de la tierra y lo encontrarán.

Entonces otro propuso:

— Lo ocultaremos en las profundidades del océano.

Pero el más cuerdo contestó:

— Allí tampoco servirá de mucho, pues los hombres están aprendiendo a llegar hasta lo más profundo de los océanos y, tarde o temprano, lo hallarán.

Luego alguien intervino diciendo:

— Tal vez será mejor llevarlo a la cumbre de la montaña más alta.

El más sabio, nuevamente, apostilló:

— No, definitivamente, no. Eso tampoco dará resultado, ya que los humanos aprenderán a escalar las montañas más altas y lo encontrarán.

Entonces el más sabio de los embajadores, aquél que tenía tan solo ocho barbas blancas, el autor del nombre, al ver que todos coincidían en que no había un lugar seguro donde esconder el Genio, dijo:

— Lo esconderemos en las entrañas de su propia mente pues, humanos como son, nunca pensarán en buscarlo dentro de sí mismos.

Desde entonces, tras un previo acuerdo de todos los embajadores, el Genio fue escondido en las entrañas de la mente.

El secreto para encontrar tu propio genio está escondido en ti mismo. ¡Búscalo!

HISTORIA DE HAYES JONES

ra el año 1960 y Hayes Jones se convirtió en un fenómeno de aquel entonces en la carrera de vallas de los Estados Unidos. Ganó carrera tras carrera. Batió records. Su talento fue, de hecho, simplemente sensacional. ¡Admirable!

Ese mismo año, es decir, el año 1960, fue elegido para los Juegos Olímpicos que se celebraron en Roma. En aquella competencia corrió los cien metros vallas en medio de las expectativas mundiales con la intención de llevarse la medalla de oro. Pero, vaya sorpresa, no pudo lograrlo. Terminó en tercer lugar. ¡Qué frustración!

Como los Juegos habían acabado y había que esperar otros largos cuatro años, pensó: "¿qué hago?". Las medallas de otros campeonatos ya las había conseguido, pero dentro de sus ambicionados logros faltaba aún el del certamen que acababa de escaparse de sus manos.

Para Jones, en ese entonces, lo más razonable podía haber sido olvidarse del asunto e iniciarse en una carrera empresarial o hacer algo diferente. Eran cuatro años. En cuatro años podía pasar cualquier cosa. Pero él no se conformó con el miserable puesto que había conseguido en la última competencia. Estaría conforme únicamente cuando consiguiera la medalla de oro.

Le dio vueltas al asunto y, reflexionando seriamente sobre lo acontecido, tomó la decisión de entrenar para los próximos 'Juegos Olímpicos'. Así comenzó a entrenar tres horas al día y siete días a la semana, como si fuera una norma de vida. Durante los dos años siguiente batió otros records nuevos, en las vallas de 60 y 70 yardas. Ganó otros títulos, pero siempre llevaba en sí un atisbo de disconformidad con respecto a la codiciada medalla de oro de los Juegos Olímpicos mundiales.

Tiempo después, la noche del 22 de febrero de 1964, en el Madison Square Garden, compitió en la carrera de vallas de 60 yardas. Todos tenía la mirada puesta en él y la tensión era alta. Y, como resultado de su gran empeño, también esta vez, ganó y se constituyó en el único deportista cualificado para futuras competencias. Se inclinó delante de su público reconociendo su aplauso por el triunfo. Lloró junto a los diecisiete mil espectadores, quienes también lloraron.

Luego, después de haber conseguido el máximo reconocimiento en el mentado evento, fue elegido para ser partícipe de los Juegos Olímpicos de Tokio, que se llevaron a cabo en 1964. Corrió los 110 metros valla en 13,6 segundos, terminando en el primer puesto y logrando nada menos que lo que le faltaba en su trayectoria de corredor: la medalla de oro.

Sin duda, ganar la medalla de oro de aquel certamen mundial, había sido una de sus máximas aspiraciones. Y, como ese deseo se había hecho realidad, se dedicó a trabajar en una línea aérea como representante de marketing y ventas.

Más tarde fundó un "Instituto de la Buena Forma Física" en su ciudad natal, con resultados espectaculares. Su persistencia, su valor y su ambición por los grandes títulos, le condujeron por las sendas del éxito.

Ya lo dijo Goethe: "la austera perseverancia, dura y continua, puede ser empleada hasta por el más pequeño de nosotros y rara vez falla su propósito, pues su silencioso poder se hace irresistiblemente más grande con el tiempo".

"Tú, también, si te encuentras en similares condiciones, en cualquier ámbito, sigue intentando y eso bastará para que consigas lo que quieres, pues siempre es demasiado pronto para dejar cualquier sueño o proyecto".

LA COMPASIÓN DEL SEÑOR BENZ

l niño Karl Benz, hijo de Johann George Benz y Josephine Vaillant, fue preso de una brillante idea tras observar la muerte de su caballo preferido que, por necesidad, había sido destinado a tirar una carga pesada desde una distancia considerable.

Aquel día se lo pensó seriamente, sintió compasión por el animal, y se propuso: "buscaré la forma de no utilizar más los caballos para transportar cargas pesadas". Luego, acercándose al difunto animal, susurró: "no te preocupes amigo, yo haré lo posible para que esto no vuelva a suceder". Pues él estaba convencido de que la causa de su muerte fue el haber transportado aquel material pesado que el obrero de los Benz le había impuesto.

A partir de entonces, Karl Benz, mientras iba creciendo, comenzó a soñar con la invención de una máquina sin que ésta sea tirada por caballos, pues había observado con mucho detenimiento la suerte de estos animales. Es así que, en su juicio, la historia de su caballo había sido la historia de muchos otros.

Aunque es verdad que sentía mucha compasión por los caballos, el entorno familiar le brindaba, sin embargo, la oportunidad de hacer realidad sus sueños infantiles. Su padre fue ingeniero ferrocarrilero, lo cual no podía ser ignorado por Karl.

Creció inmerso en el mundo de las máquinas, apoyado por su madre quien procuró que su hijo estudiara ingeniería, como su padre, ingresando así en la Escuela Politécnica de Karlsruhe el año 1864, donde se licenció como ingeniero mecánico.

Desde entonces desarrolló sus habilidades en la mecánica de las máquinas que el entorno le brindaba. Sin embargo, molesto por el arbitrario límite de velocidad impuesta a los coches —que consistía en sólo seis kilómetros por hora como máximo dentro de la ciudad y doce en las afueras de la misma— tramó una estrategia divertida.

Viendo que no podría jamás perfeccionar sus coches dentro de aquellos límites establecidos, ideó un plan para que fuesen derogados. Así que escribió una carta al ministro Baden preguntándole si le gustaría ir a dar una vuelta en su nuevo coche.

El ministro aceptó la idea de Benz y fue a darse una vuelta por los alrededores de la ciudad. Pero como Benz había acordado de antemano con un lechero de la ciudad para jugarle una broma, pasó junto a la carreta de un lechero. Ambos iban a la misma velocidad, de repente, el lechero aceleró rebasándolos y se alejó burlándose del lugar.

El ministro se puso tan furioso al ver que los rebasaba burlándose que incitó a Benz a que acelerara la marcha. Y Benz le dijo:

— Señor ministro: eso es imposible ya que existe un límite de velocidad para los coches.

El ministro contestó:

— ¡Ah! No se preocupe, ¡señor Benz! ¡Usted rebáselo que esta misma tarde habrá un cambio en esa ley!

Desde entonces se eliminó la norma sobre los límites de velocidad. Como consecuencia de la eliminación de los límites de velocidad para los cochea, el año 1888 la noticia del "primer viaje más largo de todos los tiempos" se dispersó como pólvora por toda la región y su esposa

Bertha se convirtió en la primera mujer que se puso al volante de un coche.

Tiempo después, estando el señor Benz en otra ciudad lejana, reveló a su esposa sobre un proyecto más ambicioso y lo envió adjunto a un reconocimiento cuyo contenido decía: "en aquellos días, cuando nuestro barco de la vida amenazaba con capotar, sólo una persona permaneció resueltamente a mi lado: mi esposa. Valientemente, ella desplegó las velas de la esperanza".

Habiendo leído el mensaje de su esposo, dejando caer unas lágrimas, inmediatamente, la señora Bertha escribió una respuesta entre sollozos: "Karl, te lo mereces. Y si yo soy la única persona que cree en tus proyectos, tendré que ser yo misma quien demuestre su viabilidad".

El "proyecto" al que se referían los Benz era el Patent-Motorwagen Typ III que, posteriormente, tendrá repercusiones sociales y económicas hasta el punto de hacer historia. Y así es como el señor Benz terminó logrando que el automóvil llegue a su máximo nivel de desarrollo.

EL CHATARRERO INTELIGENTE

En un pueblo del Oeste de los Estados Unidos, vivía un chatarrero que arreglaba todo tipo de motorizados y se procuraba el día a día gracias a los pocos clientes a quienes prestaba su servicio. Era, sin duda, un hombre muy sacrificado y de pocos recursos.

Un día llegó a su pueblo un gran profesional cargado de sueños, similares a los de los ciudadanos de Maryland, quienes vivían apabullados por la noticia de que en el poblado del Oeste existía una veta de oro. Esta fiebre creció tanto que afectó al señor Darby quien, tomando la iniciativa personal, decidió marcharse al Oeste en busca de aquella veta de oro con la finalidad de hacerse rico.

Al llegar al terruño del chatarrero y los demás habitantes del poblado, procuró la posibilidad de obtener una licencia y comenzar a trabajar con el pico y la pala.

Después de varios meses de trabajo, obtuvo la recompensa de descubrir una veta de mineral brillante. Sin embargo, necesitaba maquinaria para extraer el mineral. Con la discreción que le caracterizaba, cubrió el tesoro descubierto, retornó sobre sus pasos hasta su hogar en Williamsburg, Maryland, y les habló a sus parientes y algunos coterráneos sobre el gran hallazgo. Entonces, todos reunieron el dinero necesario para la maquinaria y volvieron a la mina a explotar el mineral.

Extrajeron la primera camionada de mineral y la enviaron a un fundidor. ¡Las utilidades demostraron que poseían una de las minas más ricas de la región! Era evidente que con unos pocos carros de mineral saldarían todas sus deudas y se harían ricos. Comenzaron a ganar mucho dinero. ¡Hacia abajo iban los taladros! ¡Muy alto se elevaban las esperanzas de Darby y los suyos!

Sin embargo, un día, ocurrió que el filón del mineral brillante se terminó y no había señal de continuidad. Entonces hicieron muchos intentos de perforación y, al parecer, no obtuvieron esperanza alguna de volver a encontrar la veta que hasta entonces habían seguido.

Mientras tanto, el chatarrero, siempre que podía, observaba paso a paso todo cuanto operaban aquellos arrendatarios.

Finalmente, al no encontrar otra alternativa, el señor Darby y sus parientes, decidieron abandonar definitivamente las minas del "Colorado". La suerte había quedado sepultada, pues no encontraron forma de reactivarse.

Vendieron la maquinaría al chatarrero de aquel pueblo por unos centenares de dólares, y tomaron de regreso el tren que les llevaba a casa. Todas las esperanzas de hacerse ricos habían quedado truncadas y no pudieron comprender si fueron víctimas de la mala suerte o de los caprichos de la naturaleza.

Es entonces cuando surgió el protagonismo del chatarrero. Este hombre, como si supiera cómo funciona la cuestión de las minas, aun siendo la minería para él un mundo completamente desconocido, viajó a la ciudad más cercana en busca de un ingeniero de minas para que hiciera un estudio preciso del lugar.

El ingeniero después de haberlo inspeccionado, presentó un informe detallado a cerca de las condiciones de aquella mina. Al terminar su informe destacó lo siguiente: "el proyecto de Darby fracasó porque ni él ni los suyos estaban familiarizados con el asunto de las minas y menos con las vetas de minerales".

Esas conclusiones precisas despertaron una gran curiosidad y ambición tal que, George, el chatarrero, al finalizar el informe presentado por el profesional, condujo al experto a un sitio menos ruidoso y más secreto para preguntarle:

— ¿Ingeniero, existe alguna forma de continuar el proyecto?

El especialista asintió:

— Sí, existe. Es normal que las vetas tengan un comienzo y un final en ciertas partes de las profundidades de la montaña. Sin embargo, como en todas las minas, puede volver a reaparecer. A un metro donde los Darby perforaron está precisamente la señal de otra veta mucho más valorada que lo que han extraído los otros compatriotas.

El chatarrero insistió:

— Ingeniero, ¿eso quiere decir que hay mucha riqueza mineral en este cerro?

El profesional contestó:

— Por su puesto. Hay mucho más de lo que imaginas. Por cierto, el mineral es siempre como un enorme árbol. Por ejemplo, la veta que han explotado los Darby equivale a una sola rama de un gran árbol. Y como puede usted imaginar, un árbol tiene muchas ramas. De modo que, a un metro de este sitio usted se encontrará con otra veta, y así sucesivamente. Y eso no es nada, de aquí a cien o doscientos metros, o quizá un poco más, debe haber un mar de mineral brillante.

Las últimas conclusiones del especialista provocaron un deseo obsesivo de riqueza en el chatarrero. Entonces, George convocó a sus coterráneos para que se sumaran a su gran proyecto que se avecinaba. El hombre contrató al ingeniero para salvar posteriores desaciertos e hicieron un pacto para trabajar juntos. Tenía a su disposición la maquinaria que había comprado a los Darby y, dada la existencia del capital humano, con urgencia puso en marcha su empresa.

A la cabeza de aquel hombre, comenzaron a trabajar las minas del "Colorado". Después de tanto esfuerzo, en poco tiempo, el chatarrero se convirtió en un gran empresario, extrayendo millones y millones de dólares —en forma de mineral— de aquella mina.

El hecho de haber buscado con urgencia el asesoramiento de un experto, le rindió con creces al señor George hasta convertirlo en un eminente millonario del Oeste de los Estados Unidos.

Su pueblo, junto con él, floreció. Lo mismo sucedió con los pueblerinos contados que habitaban en aquel olvidado terruño, hasta entonces. Se tornó un próspero pueblo gracias a la riqueza mineral de las minas del "Colorado".

HISTORIA DE TED

n día Ted se puso a observar las actitudes de la gente próspera. Vio cómo la gente prosperaba, especialmente sus vecinos Theodor y George.

Se miró a sí mismo y advirtió que a comparación de sus vecinos, que siempre se habían caracterizado por ser de una familia de potentados, él no tenía más que 3.000 dólares. ¿Qué era él en comparación de sus vecinos?

Sin embargo, advirtió que sus vecinos tenían muchísimas más opciones de redoblar y triplicar sus ganancias en sus negocios y, no obstante, obtenían pocas ganancias. Se decía. "en su lugar, con tantas opciones yo podría ganar muchísimo". Pero los vecinos no advertían esas ventajas que Ted percibía.

Entonces se dio cuenta de que su hora de actuar, hacer realidad lo que siempre había creído, había llegado. Como quien dice: "el cómo hacerlo, siempre llega a la persona que cree poder hacerlo".

Es así que, en una de sus elucubraciones, tuvo la ingeniosa idea de montar una agencia de venta de casas-hogar móviles. Aunque, sabiendo que con sólo 3.000 dólares no podía aventurarse y que las conjeturas de sus competidores coincidían en que él no tenía experiencia en ese campo, Ted se aventuró a establecer su venta de casas móviles. ¿Qué experiencia práctica tenía aquel joven en la venta de casas movibles o en el manejo de un negocio? Ninguna. Sólo contaba con unos cuantos dólares, la creencia en sí mismo y su habilidad para conseguir lo que cree. Y con ello tenía lo suficiente como para ser un millonario próspero.

Entonces dijo para sus adentros: "es verdad que el capital que tengo es insignificante en un sector donde hay mucha competencia. Sin embargo, es evidente que el comercio de casas móviles tiende a extenderse porque hay mucha gente migrante necesitada de un hogar.

Un buen día se encontró con su amigo Jhon y comentó sus intenciones de hacer crecer su pequeñísimo capital con la venta de casas móviles.

Jhon le dijo:

— Me parece que para dar un paso certero en el negocio que intenta montar debe estudiar bien su competencia: saber qué hacen, cómo operan, qué estrategias implementan y con quienes se codean. Y entre todas esas opciones, deberá usted buscar un sector poco explorado por sus competidores.

Asintiendo el consejo de Jhon, Ted contestó:

— Tiene usted toda la razón del mundo. De hecho, ya he estudiado a mis posibles competidores y me he dado cuenta de que puedo hacer un mejor trabajo en el comercio de remolques que nadie más en esta ciudad. Espero cometer algunos errores, pero tengo prisa en llegar a lo alto".

Dicho esto, entre otro cruce de palabras amistosas, ambos se despidieron y cada cual se fue por su lado.

Ted, entre tanto, desde ese día, no abandonó la idea de apuntar a lo más alto en el mundo de los negocios. Y, en poco tiempo, comprendió que tendría pocas dificultades en obtener el capital para hacer crecer su negocio.

Tal es así que únicamente basado en su absoluta e indiscutible creencia en que podía tener éxito en aquel negocio, en poco tiempo, se ganó la confianza de dos inversionistas. Y aferrado a su sola creencia hizo lo "imposible". Consiguió que un constructor de remolques le diera un anticipo considerable sin pago al contado.

Tan solo ganarse la confianza de un constructor le posibilitó que, en el último año, vendiera por encima de 1.000.000 de dólares. Aquel fue solamente el detonante de algo más grande. Al año siguiente, por ejemplo, Ted rebasó los dos millones. Y así sucesivamente año tras años fue multiplicando su fortuna hasta consolidarse como uno de los millonarios más destacados del norte de California.

La creencia impele a la mente a imaginar caminos y medios y cómo llegar a las cumbres del éxito. Y creyendo puede tener éxito en hacer que los demás depositen su confianza en usted. Precisamente, por eso ya lo anticipó Jesucristo hace 2.000 años: *"la fe puede mover montañas"*.

La creencia en los grandes resultados es la fuerza impulsora, el poder que respalda las grandes creaciones, libros nobel, juegos, descubrimientos científicos. La creencia en el éxito se halla detrás de todos los negocios prósperos, respetables gentes, iglesias, las grandes organizaciones políticas, ONGs, etc. La creencia en el éxito es un ingrediente básico, absolutamente esencial en la gente afortunada. "Crea, crea realmente en que puede tener éxito y lo tendrá".

LA OPERACIÓN DEL SEÑOR THOMPSON

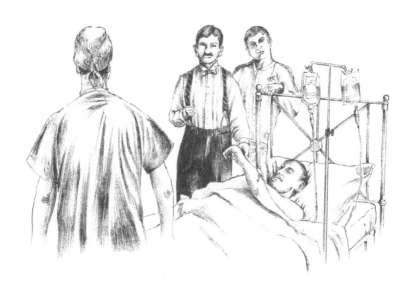

ierta vez, el señor Thompson se encontraba enfermo en su lecho. Sus familiares y amigos se habían reunido para acompañarle en su situación preocupante, pero él, más que los suyos, no se sentía tan afectado por la enfermedad que padecía. A su juicio, la cosa era reversible y no como algunos auguraban su posible deceso.

Después de una deliberación entre todos, finalmente, su amigo Hill y algunos familiares, tomaron la decisión de afrontar el riesgo llevándole al hospital para que fuera operado. Hicieron todas las gestiones de trámite para que Robert fuera internado y que el personal hiciera todo lo que estuviera en sus posibilidades.

Ya en el hospital, después de examinarlo minuciosamente y habiendo investigado los antecedentes del paciente, el médico advirtió:

— El señor Thompson tiene muy pocas posibilidades de que salga vivo de la operación. Los pacientes con enfermedades similares no siempre han tenido la suerte de salir de esta situación.

No obstante, Robert, muy amigo de Hill, antes de que fuera llevado al quirófano le susurró al oído en voz baja:

— No se preocupe, mi amigo. En pocos días habré salido de este lío.

La enfermera que estaba a su cargo le miró a Hill con ojos de pesar y compasión, pues suponía que el paciente no sabía lo que decía o, a lo mejor, parecía tratarse de un delirio.

Fue conducido al quirófano mientras Hill y algunos familiares se quedaron afuera. No obstante, estando a la expectativa de cómo saldría la operación, hablaban de las posibilidades de que saldría exitosa la sesión, aunque el médico había advertido lo contrario.

Horas después, habiendo terminado la sesión, mientras el paciente estaba aún semi-despierto, el médico anunció:

— Al señor Thompson no le salvó otra cosa que su deseo de vivir. Nunca hubiera salido de este trance si no se hubiese negado a aceptar la posibilidad de la muerte.

Y, evidentemente, después de que pasaron los efectos de la anestesia, el señor Thompson se quedó unos días más para recuperarse y, como por arte de magia, se reintegró a su trabajo y a su familia como si se tratara de un hombre joven.

Indudablemente, este hecho inaudito, sucedió gracias a la existencia de un extraño y poderoso principio de "química mental" que nunca ha revelado la naturaleza. Ese "deseo ardiente de vivir", ese "plus" oculto que no reconoce la palabra imposible ni acepta el fracaso, afloró como un hecho real en la vida del señor Thompson.

HISTORIA DE UN VIOLINISTA

Había una vez un violinista llamado Paganini. Unos decían de él que era muy raro, otros decían que era sobrenatural; algunos, mágico. Sin embargo las notas mágicas que salían de su violín tenían un sonido diferente, por eso nadie quería perder la oportunidad de ver su espectáculo.

Una noche, el público estaba preparado para recibirlo. La orquesta tomó posesión del escenario y fue recibido con fuertes aplausos. El director fue también ovacionado por su fama. Pero cuando apareció Paganini, el público deliró (no sabía lo que hacía).

Cuando Paganini colocó su violín en su hombro y comenzó a tocar las notas musicales, ya blancas, negras, corcheas,...entre otras, un sonido extraño interrumpió el ensueño...

¡Una de las cuerdas del violín de Paganini se rompió!

El director de la orquesta paró y toda la orquesta también. El público se puso de pie, pero Paganini no. Mirando su partitura, continuó sacando sonidos deliciosos de su violín sin problemas.

El director y la orquesta, completamente sorprendidos, volvieron a tocar. Entonces el público nuevamente se sentó y, de repente, se escuchó otro sonido extraño. ¡Otra cuerda del violín de Paganini se rompió!

El director y la orquesta pararon de nuevo pero, Paganini, siguió tocando, como si nada hubiera ocurrido, olvidó las dificultades y siguió arrancando sonidos imposibles de su violín.

El director y la orquesta, impresionados, volvieron a tocar. Pero el público no podía imaginar lo que iba a ocurrir a continuación.

Todas las personas, al romperse la tercera cuerda del violín del músico, gritaron un ¡Ohhhh! que retumbó por toda la sala. Acto seguido, el director y la orquesta dejaron nuevamente de tocar junto con la respiración del público. No obstante, Paganini continuó como si fuera un contorsionista musical, arrancando todos los sonidos posibles de la única cuerda que le quedaba a su violín. Ninguna nota fue olvidada.

El director y la orquesta se animaron y continuaron tocando. El público también, sumándose a la orquesta, gritó, lloró, aplaudió y, Paganini, en medio del éxtasis y la algarabía alcanzó la Gloria triunfal.

El arte de ganar consiste en continuar donde todos resuelven parar.

LA LECCIÓN DE UNA NIÑA

Tom y su sobrino Jack trabajaban en el viejo galpón donde se presenciaba un gran molino de última generación, junto a la aldea de los granjeros arrendatarios de color.

Una tarde entre muchas se abrió la puerta del depósito y una niña, hija de uno de los arrendatarios, entró y se situó junto al hombre blanco que era dueño del molino.

El hombre levantó la vista, miró a la niña y gritó con aspereza:

— ¿Qué quieres?

La niña contestó:

— Mi mamá dice que usted le mande cincuenta centavos.

El señor, con el típico tono de altanería, replicó:

— ¡Ni hablar! ¡Ahora vete a tu casa!

La niña, asintió:

— Sí, señor. —Pero no se movió.

El hombre siguió con el trabajo, sin tomar atención alguna a cerca de la niña y sin advertir de que la niña no se había marchado.

Después de un buen rato, volvió a levantar la mirada y, percibiendo que la niña seguía de pie en el mismo lugar donde había estado antes, vociferó:

— ¡He dicho que te vayas a tu casa! ¡Ahora márchate o te daré una paliza!

La niña, permaneciendo allí sin moverse ni un milímetro, una vez más, contestó:

— Sí, señor.

El señor Tom, después de echar el contenido de la tolva del molino, cogió un palo y empezó a acercarse a la niña con una expresión amenazante y nada agradable.

El muchacho que estaba presenciando el acto contuvo el aliento y, mientras el hombre más se le acercaba a la niña, cerró los ojos para no presenciar la paliza. Pero no sucedió así y, justo cuando el muchacho abrió los ojos, la niña dio un paso al frente, los miró a los ojos y gritó con todas las fuerzas:

— ¡Mi mamá necesita esos cincuenta centavos!

Entonces el hombre se detuvo, bajó la guardia, la miró unos instantes y luego dejó caer lentamente el palo que tenía en la mano, metió la mano al bolsillo, sacó medio dólar y se lo dio a la niña.

La niña cogió el medio dólar y se encaminó en dirección de su casa, sin quitar la vista del hombre a quien había vencido.

Después de que la niña se marchó Jack corrió en dirección de su tío y éste, tomándole del hombro, hizo muecas con la cabeza. Luego, con una tez reflexiva, se sentó sobre una caja y permaneció mirando la ventana durante más de diez minutos.

Así, fue obvio que aquel hombre había sido derrotado por la firme persistencia de la niña. Entre las cuestiones irresueltas en la cabeza de aquel señor, giraba lo siguiente: ¿qué extraño poder había empleado aquella niña para adueñarse de la situación y derrotarle?

EL IGNORANTE PACIFISTA

D urante la primera guerra mundial, un periódico de Chicago publicó, entre otras cosas, a Henry Ford catalogándolo como "Ignorante pacifista". Esta denominación no le gustó a Ford y, para objetar tales afirmaciones, entabló un pleito por difamación contra aquel periódico.

El día del juicio, los abogados del periódico exigieron una justificación para negarse a aceptar tales denominaciones.

Llamaron al señor Ford frente al banquillo de los testigos, con el objetivo de demostrarle al jurado que era un ignorante. Entonces, uno de los abogados preguntó:

— ¿Quien fue Benedict Arnold?

Ante esa y otras preguntas de importancia nula, como lo eran para Ford, el insinuado se limitó a guardar silencio.

Finalmente, al ver que el genio de los negocios no contestaba nada, otro de los abogados intervino con otra pregunta parecida:

— ¿Cuántos soldados enviaron los británicos a las colonias americanas para sofocar la rebelión de 1776?

Ante tal pregunta, con su acostumbrado talante sereno, el inventor replicó:

— Ignoro la cantidad exacta de soldados que los británicos enviaron, pero he oído decir que fue una cifra considerablemente mayor que la de los que regresaron.

Los demás abogados del periódico, uno tras otros, efectuaron más preguntas similares hasta que Henry Ford acabó por cansarse.

Luego, inclinándose hacia adelante y señalando con un dedo al abogado que le había hecho la última pregunta, sentenció:

— Si de veras quisiera responder la pregunta tonta que acaba de hacerme, o cualquiera de las anteriores que me han hecho, permítame recordarle que en mi escritorio tengo una hilera de botones y que apretando el adecuado puedo llamar en mi auxilio a hombres capaces de responder cualquier pregunta que quiera hacerles en lo concerniente al negocio al que he dedicado casi todos mis esfuerzos.

La sala guardó silencio, escuchando la respuesta de aquel hombre, pues estaba diciendo una gran verdad que los abogados del famoso periódico cargaban con su propia ignorancia.

Sin embargo, Ford, con la venia del magistrado del juzgado, continuó dirigiéndose al abogado en cuestión:

— Ahora dígame, señor abogado, ¿para qué necesito llenarme la cabeza con conocimientos generales, con el fin de contestar sus preguntas inútiles? ¿Qué beneficio saco yo de ello? Las cosas sólo sirven en cuanto son beneficiosos para el ser humano. Además, cuándo dispongo de hombres a mi alrededor que pueden proporcionarme cualquier información de esa naturaleza, ¿para qué necesito tenerla yo aquí, en mi mente? —preguntó indicando su cabeza con su dedo índice.

Con tales argumentos, el señor Ford dio a entender que un hombre educado no es precisamente aquel que ha llenado su cabeza con conocimientos generales, sino aquel que sabe dónde adquirir el conocimiento cuando lo necesita y cómo organizar aquello en planes definidos de acción.

Definitivamente, para él, no era esencial tener esos conocimientos en la mente. Era más importante tener a su alcance todo el conocimiento necesario para convertirse en uno de los hombres más ricos de los Estados Unidos de América.

De hecho, el abogado que había planteado la última pregunta quedó completamente desconcertado. Y las personas que se habían dado cita a la sesión también se dieron cuenta de que la respuesta de Ford no era la contestación de un ignorante, sino de un hombre educado y sabio.

Dando razón a la intervención del inventor, el magistrado que condujo la sesión, al concluir aquel evento legal, emitió su sentencia a favor de Henry Ford e impuso una fianza de 450.000 dólares a los abogados del periódico, por haber difamado el nombre de aquel hombre.

LA LIMOSNA DEL JOVEN ALEN

l joven Alen era de una familia muy pobre y no tenía con qué costearse los estudios, aunque sabía que tenía un talento único para el arte. De casualidad se encontraba pensando en lo que había leído en un libro de uno de los grandes pensadores cristianos, Teilhard de Chardin, que decía: *"El ser humano no es víctima de la circunstancia...él crea su propia circunstancia"*. Definitivamente, aunque sabía que tenía talento, no estaba de acuerdo con su circunstancia. Debía cambiarla.

Sin embargo, ese deseo de cambiar conectó con las intenciones de su maestro, el célebre pintor Delacroix. A éste, de acuerdo con sus intenciones artísticas, un día se le ocurrió contar sus pretensiones al famoso banquero Rothchild —uno de los hombres más ricos de Inglaterra— diciéndole que estaba buscando un anciano que le sirviera de modelo para pintar un cuadro de un mendigo pidiendo limosna.

El millonario, que era muy amante de las artes, se ofreció a hacer él mismo las veces de un mendigo. Así que Delacroix lo vistió de limosnero y lo hizo sentar en una silla vieja, para empezar a dibujarlo desde una distancia propicia como para reproducir la imagen perfecta de un necesitado.

Sin embargo, mientras el pintor se alejó por unos momentos para ir a traer algunos pinceles y herramientas útiles que los había olvidado, pasó por allí el joven Alen —que era uno de los discípulos del célebre pintor inglés—, metió las manos al bolsillo y sacó un poco de dinero y lo depositó en las manos extendidas del pordiosero creyendo que Rothchild era un verdadero mendigo.

El millonario le dio las gracias sin decirle quién era él y, cuando el pintor regresó, sin hacer alusión al gesto que había recibido de aquel joven, le preguntó:

— ¿Quién es ese muchacho que pasó por aquí hace un momento?

El pintor contestó:

— Es un muchacho de mi escuela. Es pobre, huérfano de padre y madre. No tiene con qué costearse los estudios y, no obstante, tiene muchas cualidades para el arte.

Rothchild, que admiraba a los artistas y era amante del arte, dando crédito a las palabras del artista, se lo pensó seriamente sobre la realidad del joven Alen.

Pocos días después, sucedió que el joven estudiante recibió de Rothschild un cheque por 1.000.000,00 de libras esterlinas para costearse los estudios...

Con los años llegó a ser un gran artista de la pintura. Pintó cuadros, esculturas, entre otros objetos de arte. Siguió los pasos de su maestro Delacroix e incluso perfeccionó los métodos que aprendió de él.

EL DESEO INCONTENIBLE
DE MADAME CURIE

L a vida de Marie Curie fue una verdadera historia de pura lucha. Tuvo que superar muchísimos obstáculos para dedicarse plenamente a la ciencia, puesto que, en su patria, Polonia, las mujeres no tenían acceso a la universidad.

En ese vaivén de búsqueda incansable pasó hambre y frío, e incluso arriesgó su salud con tal de no renunciar a su pasión investigadora y su deseo incontenible de lograr lo que ella quería. Tuvo la posibilidad de convertirse en una mujer económicamente pudiente, especialmente con sus descubrimientos y, sin embargo, se negó a patentar el proceso de aislamiento del radio dejándolo a disposición de la comunidad científica.

Con todo, se puede decir que cumplió su sueño y colmó su deseo incontenible, llegando a ser la primera mujer que llegó a catedrática en la Universidad de la Sorbona y la primera en ganar nada menos que el Premio Nobel, compartido con su marido Pierre Curie, por sus investigaciones sobre los elementos radiactivos. De hecho, el término 'radioactividad' se lo debe a ella.

Sin embargo, la pareja en sí, devorada por la misma pasión de investigar, también sufrió una serie de considerables altercados. Uno de los más destacados percances tiene que ver con, por ejemplo, la de verse apartados de su laboratorio de investigación, protagonizado por ciertos asaltantes inoportunos. Es así como su posterior pabellón parisino, modesto y sobrio en todo sentido, fue invadido por los periodistas y los fotógrafos.

A pesar de tantas peripecias atravesadas por la pareja, Madame Curie nunca apagó su anhelo incontenible, su deseo vehemente, profundo y su sed de alma, antes bien se mantuvo intacto hasta el día en que los medios de comunicación hicieron alarde de su conquista.

En una ocasión, un periodista le preguntó:

— ¿Existe algún ingrediente secreto para vencer las múltiples dificultades que la vida impone en incontables oportunidades a las personas?

Ella, sin titubeo alguno, contestó:

— No existe un ingrediente secreto que podría funcionar como un amuleto de la suerte. No.

El comunicador siguió preguntando:

— ¿Entonces, a qué le atribuye sus Nobels de Física en 1903 y el de Química en 1911?

Ella, con toda convicción, dijo:

— Yo le atribuyo a la fuerza del querer, al querer siempre activo, a pesar de los obstáculos que impone la vida. En ambos casos, lo deseé con toda el alma. Sencillamente lo quise con todo el corazón y lo conseguí.

Así se explicó que un deseo incontenible, que no reconoce oposiciones, puede conducir a la persona a tener una autoridad mundial en ciencias o en cualquier ámbito humano. Sin duda, Madame Curie no fue la excepción, sino la primera mujer en constituirse como ganadora de los Nobels de Física y Química.

LA TENACIDAD DE PALISSY

M e han contado que Bernard Palissy es considerado como el creador de la moderna cerámica en Francia.

Este hombre, en el año 1550, vio una pieza de cerámica china, muy bien esmaltada. En ese entonces era impensable fabricar, sobre todo en Francia, una cerámica tan bien esmaltada. En realidad, nadie sabía esmaltar. Aunque en países como Italia ya conocían el arte de esmaltar productos de cerámica. Pero la fórmula solía ser sigilosamente guardada y menos aún revelada.

Así que el señor Palissy se propuso derretir el esmalte para adherirlo a las vasijas de cerámica que sí se fabricaban en Francia. Trabajó infatigablemente durante dieciséis años hasta encontrar la fórmula. Sin embargo, ningún horno alcanzó a producir el calor requerido para derretir el esmalte.

Pasó la vida fabricando horno tras horno, hasta lograr un día el calor suficiente para su cometido. No obstante, en ese afán, cuando estuvo a punto de comenzar a derretir el esmalte, se acabó la leña que se había procurado para este fin. De modo que no le quedó otra alternativa que sacrificar todo lo que podría servir de leña, entre ello puertas, ventanas, muebles, sillas, en fin, todo lo que podía estar a su alcance con tal de no disminuir el calor requerido.

En esos instantes tan ajetreados su esposa salió corriendo de su casa por advertir que su esposo se había vuelto loco. Le denunció a la policía y, éstos, conformando una patrulla, se apersonaron a la casa donde Bernard estaba quemando todo cuanto podía servir de leña. En realidad, ya no quedaba nada.

Sin embargo, cuando finalmente llegó la policía al lugar de los hechos, el señor Palissy exclamó alborozado:

— ¡Al fin lo he conseguido! El esmalte se ha derretido. ¡He descubierto la fórmula de fabricar loza esmaltada!

Había obtenido lo que se había propuesto: lograr esmaltar la vasija de barro. Le costó dieciséis años de investigación. Y en los últimos diez días que llevaba, casi sin dormir, obtuvo el resultado esperado por medio de una técnica propia descubierta por él mismo.

Aunque se encontraba en la pobreza extrema, casi sin nada y haber invertido tanta energía y tiempo, porque lo había sacrificado todo con tal de conseguir su cometido, alcanzó la meta y el ideal que siempre había deseado lograr.

Este hecho de la vida real es recordado hasta ahora por los orfebres parisinos quienes rinden respetuosamente su reconocimiento al gran Bernard Palissy, el gran aficionado a la cerámica. Fue también que este hecho significó posteriormente un paso decisivo para la orfebrería moderna.

El secreto de todo este desenlace tiene que ver con el deseo tenaz e incansable valor de luchar que invirtió nuestro personaje por conseguir esmaltar unas vasijas de barro.

Posteriormente, la producción cerámica de Bernard Palissy se prolongó a una amplia gama de jarrones, estatuillas, fuentes, platos y utensilios diversos a los que él llegó a denominar "figurillas rústicas". Desde ese entonces, sus esmaltes comenzaron a ganarle un gran renombre en toda Francia y en las naciones vecinas.

NUNCA ES TARDE PARA CAMBIAR

l señor Stuart Austin Wier fue un afanado arquitecto que hizo muchas espléndidas construcciones para diferentes empresas y compañías de renombre de los Estados Unidos.

Cierta vez, cuando las cosas iban bastante bien, y su familia gozaba de buen status social, contrajo una depresión que casi no pudo resistir. Muy pronto, al no desenvolverse óptimamente en su trabajo —como siempre solía hacer— debido a la depresión que padecía, se atrajo la antipatía de las empresas y compañías para quienes había trabajado hasta entonces.

La mentada enfermedad le condujo a tal grado que su mercado ya no podía generar los ingresos que necesitaba para mantener el status logrado. Sin embargo, antes de padecer el inminente desmoronamiento de su situación, decidió hacer un inventario de sí mismo y cambiar de profesión con el pequeño capital ahorrado.

Esa noche, mientras hacía el inventario de sí mismo, después de pensar un buen rato en su situación financiera, tomó la decisión de dejar de ser constructor y pasarse a Derecho. Sin embargo, la carrera de Derecho, al ser tan diferente a la de Arquitectura, debió de suponer un giro de ciento ochenta grados en su forma de operar y ejercer. Pero, en el caso del señor Stuart no fue así; de modo que, como si fuera naturalmente, días después de haber convenido consigo mismo, volvió a la universidad y se inscribió a la carrera de abogacía mercantil.

Cuando el señor Wier decidió cambiar de carrera tenía más de cuarenta años y estaba casado cuando regresó a la casa de estudios. La preparación le duró sólo dos años lo que, habitualmente, en los jóvenes, suele tardar al menos cuatro o cinco. Asimismo, al seleccionar cursos altamente especializados en la universidad, pasó a los exámenes finales y obtuvo el título. Tras esto, no tardó en gestionarse una carrera muy lucrativa con la práctica de la abogacía.

Muy pronto, su propio logro, le posibilitó la fama llegando a ocupar los primeros lugares en materia de noticias sobre 'formas de alcanzar el éxito' y las primeras páginas de revistas, periódicos, foros, y otros medios más leídos por el público norteamericano.

Asimismo, no faltaron la conformación de foros, tertulias, charlas y conferencias en torno a este hecho trascendental. En uno de estos eventos ocurrió que un grupo de encuestadores preguntó a algunas personas que habían asistido a las conferencias.

El encuestador dijo:

— ¿Qué te pareció la conferencia sobre el éxito que alcanzó el señor Stuart?

— Me pareció único, un caso excepcional, pero que seguramente yo no podría volver a la universidad teniendo más de cuarenta años pues tengo una familia que mantener —concluyó el interlocutor.

Otro de los entrevistados, también contestó:

— Para hacer lo que el señor Wier hizo, yo soy demasiado viejo. Imagínate, ¿volver a estudiar yo cuando tengo más de cuarenta años? No, eso no sería posible. Lo del señor Stuart es un caso muy particular.

Entre tantas intervenciones parecidas, no faltó también la intervención del propio Stuart. En este caso, un periodista, acercándosele, preguntó:

— Señor Wier, ¿cómo decidió cambiar de profesión, dado que a los cuarenta años generalmente las personas ya tienen una vida consolidada o más o menos estable? Y, es más, ¿nunca pensó en que semejante decisión podría ser contraproducente para su situación financiera?

El señor Stuart, tomándose el mentón con los dedos —tal como a veces acostumbraba—, contestó:

— Señores, así uno tenga treinta, cuarenta, cincuenta, sesenta o setenta años, y se encuentra dispuesto para una nueva aventura, no podrá retroceder en su propósito. Es más, yo no pensé en los años que tenía, ni en que una decisión pudiera afectar a mi economía…Pero sí, sabía muy bien que tenía la necesidad de un cambio radical en mi vida, que me procure una vida más estable, más satisfactoria, financieramente libre y menos depresiva. Por eso decidí cambiar…porque estoy convencido de que *"nunca es tarde para poder cambiar"*.

— Entonces, podría usted decir ¿cuál es el secreto de su éxito señor Wier? —Insistió otro.

El señor Stuart contestó:

— Para tener éxito en la vida es imperioso decidir en el momento preciso cuál es el propósito que uno tiene y diseñar los pasos adecuados para alcanzar ese propósito. Me refiero al propósito que a mí me procuró un cambio radical y decisivo por el resto de mi vida. Si bien el hecho de ejercer como ingeniero de la construcción me trajo la depresión estaba en lo cierto que, convertirme en un abogado de patentes, me procuraría la libertad financiera. Y así fue.

Desde entonces, el señor Stuart, no sólo fue un cualquier abogado de patentes sino *"el abogado de*

*patentes superior que jamás se ha conocido en los Estados
Unidos de América".*

De hecho, cuando él comenzó su práctica de abogacía,
deliberadamente buscó los casos más difíciles. Pronto su
fama se extendió por todo el país y sus servicios eran de
tal alta demanda que a pesar de que sus tasas alcanzaron
niveles astronómicos, se procuró más clientes de lo que
él podía aceptar.

EL PLAN DE UNA MADRE PARA SU HIJO

En una ocasión, una mujer se abocó a la solución de un problema para un hijo suyo que acababa de graduarse en la universidad. Sin la idea de esta madre, el hijo podía haber sido incapaz de encontrar la manera de ofrecer sus servicios profesionales a la empresa que pretendía.

El plan consistió en un librito de cincuenta páginas, bien mecanografiadas, perfectamente organizadas, que contaba a cerca de las capacidades innatas de su hijo, sus estudios realizados, sus experiencias personales, y una variedad de informaciones que enriquecían la presentación de un *Currículum* presentable y eficaz.

Aquel Currículum contenía una descripción completa del puesto de trabajo que el joven requería, de acuerdo a su talento, tal como cantaba el documento; un esquema de plan práctico que podría alcanzar el puesto al que aspiraba.

Sin duda, la preparación del libro requirió varias semanas de trabajo, durante las cuales la mujer enviaba a su hijo a la biblioteca pública a buscar datos que ella requería para preparar el *"Plan para Vender Servicios Personales"*.

Asimismo, lo enviaba a visitar a todos sus potenciales competidores para el empleo que pretendía para su hijo, a fin de reunir una información valiosa concerniente a sus métodos de venta para alcanzar la posición que buscaba para el joven.

Consecuentemente, concluida la redacción del *"Plan"*, que contenía más de media docena de excelentes sugerencias para uso y beneficio del aspirante al trabajo, la mujer fue junto a su hijo a presentar -el *Currículum* que había preparado- a la empresa más exitosa de aquella ciudad. Como aquel documento estaba bien hecho, muy bien detallado, y óptimamente confeccionado, en la primera entrevista, su hijo fue aceptado con un sueldo que estipulaba el propio "*Plan*".

Gracias a las ventajas de tener una madre inteligente, con un sentido de planificación organizada, el joven no requirió empezar desde abajo, ante bien, comenzó como ejecutivo junior, con un salario de ejecutivo. Comenzar con ese puesto, casi como ocurre con cualquier profesional recién egresado, le ahorró diez años de tiempo y experiencia.

Esta historia, sin embargo, comenzó a difundirse por toda la ciudad ya que un muchacho de dieciocho años empezó trabajando nada menos que como ejecutivo en aquella prestigiosa empresa. ¿Cómo lo había logrado?

La inmensa mayoría de la gente comenzó a plantearse la cuestión, ¿cómo lo había logrado? Entonces, surgió una nueva idea en la mente de la señora. Publicó aquellas pocas páginas en forma de un libro, acompañado de algunos anexos que podrían ser útiles a los futuros profesionales que quisieran ser contratados por las empresas más codiciadas de la ciudad.

La mujer escogió un precio considerable para aquel libro, cuyo título reiteramos: "*Plan para Vender Servicios Personales*" e hizo un buen negocio. Muchos jóvenes de la ciudad tuvieron acceso a aquel trabajo tan pretenciosamente elaborado.

Poco tiempo después, evidentemente gracias a las inspiraciones de aquel escrito, en formato físico y electrónico, la señora recibe cartas de todas partes del país en las que piden su colaboración para preparar planes similares para otros que desean vender sus servicios personales por más dinero.

Grande fue el aporte de la mujer, que comenzó ideando para su hijo y, no obstante, terminó ayudando a una multitud de muchachos y muchachas que necesitan un empujoncito para conseguir altos cargos en empresas renombradas sin tener que estar lidiando con el peso de escalar puestos sacrificando años de servicio intenso.

El testimonio de esta mujer, hoy en día, circula hasta en internet ya que nadie como ella efectivizó una idea de tamaña categoría como un legado especial para las generaciones posteriores.

EL ESCRITOR INTELIGENTE

Érase un hombre que había decidido escribir una gran enciclopedia con un contenido muy valioso. Había hecho imprimir más de cuatro mil ejemplares gastando un dineral y, sobre todo, suponiendo que la gente lo iba a requerir.

La obra final fue realmente una obra erudita, maravillosa, llena de información valiosa para escolares, colegiales, universitarios y gente aficionada. Y claro, era fruto de un arduo trabajo de años y una investigación precisa para el significado de cada tema. Contaba también con innumerables ilustraciones como gráficos, mapas, dibujos, pinturas, historias, etc.

Cuando casi todo el contenido estaba concluido, el autor escogió una tapa que resaltara sobre todo el contenido del diccionario, es decir, la maravillosa erudición que el trabajo ofrecía a la gente.

En la tapa aparecía un fondo de una biblioteca, con un mueble viejo, y un anciano haraposo y más o menos esquelético, con unas gafas que superaban los pómulos de su rostro y leyendo un libro antiguo con una lupa. El autor se sentía muy complacido con la tapa ya que realmente significaba sacrificio, erudición, una dedicación singular al estudio, etc. Pero no logró advertir que su propia concepción podría más bien resultar repulsiva para la gente común.

La obra se imprimió y salió realmente algo reluciente. El autor invitó a sus amigos, allegados y otros, al acto de presentación de su nuevo diccionario. También invitó a un amigo pintor para que presenciara el acto de presentación de la gran enciclopedia ilustrada. Así, con todos los detalles, se llevó a cabo la presentación y, al final del acto, uno de sus amigos, junto a algunos más, decidieron comprar un ejemplar...Pero, los demás invitados no mostraron gran interés por el libro. Solamente miraban un poco las hojas, la tapa y nada más. Así que durante la presentación escasamente había vendido pocos ejemplares.

Al día siguiente el autor pensó distribuir su diccionario en las diferentes librerías de la ciudad para obtener rápidamente las ganancias y recuperar la inversión. Y así lo hizo. Las librerías pusieron el diccionario a la venta en sus principales vitrinas, entre los libros más famosos, pero, la gente, que iba en busca de libros a las librerías, hojeaba el libro y preferían comprar los libros famosos y los nobeles. El diccionario siempre quedaba al margen, nadie compraba un solo ejemplar.

Sin embargo, el autor después de un tiempo fue de librería en librería para recoger las ganancias. Pero pronto cayó en la cuenta de que de su diccionario no se había vendido ningún ejemplar, en ninguna de las librerías. Había sido un fracaso total el haber escrito una gran enciclopedia.

Retornó a su casa y se sentó pensativo, reflexivo y meditabundo, a la sombra de un árbol. En eso recibió la visita de su amigo pintor y con él compartió su experiencia de fracaso, es decir, lo que le había ocurrido con su primera obra magistral, fruto de varios años.

Después de haber conversado bastante sobre el asunto del libro, que era su mayor preocupación, el pintor, tomando un ejemplar, apostilló:

— En esta enciclopedia hay un error fundamental: el error no está en el contenido, sino en la tapa.

El autor no podía creer la tesis del pintor y suspiró:

— ¿Cómo? ¡No es posible! ¿Qué importa la tapa? ¡Lo más importante es el contenido! Es un trabajo de muchos años. ¿Entiendes?

El artista reafirmó:

— Puede que así te parezca, pero estoy convencido de que el error está en la tapa.

Y, acto seguido, el pintor pidió un permiso especial al autor para elaborar una nueva tapa, acorde con el imaginario de la mayoría de la gente.

Así, en unos días, el artista había diseñado la nueva tapa y fue a presentarla al autor. Éste, después de percatarse de la nueva tapa, suspiró:

— ¡No es posible! ¿En la tapa de una enciclopedia, una mujer desnuda? ¿Nada menos leyendo mi obra? No. ¡No es posible! ¡Es un verdadero insulto a mi inteligencia!

El pintor intervino:

— Puede que no te des cuenta, pero es así como marchan las cosas en este mundo. Hazme caso, dentro de pocos días comenzarás a obtener los resultados. Y por el resto de tu vida no te cansarás de agradecerme por este favor.

El escritor, completamente hipnotizado por la postura del artista, contuvo todos sus impulsos y, aunque rechiflando, accedió a su consejo. Entonces hicieron imprimir la segunda edición con la nueva tapa del Libro. Y cuando lo pusieron a la venta, en pocos días, y en la misma editorial donde había sido imprimido, habían logrado vender casi todos los ejemplares. De la casa editorial se extendía una cola larga de gente exigiendo imprimir la tercera edición…

Muy pronto, el autor multiplicó sus ganancias y de manera increíble creció su fama a nivel mundial. Y, por supuesto, quedó eternamente agradecido con su amigo pintor que le había devuelto la vida a su obra.

Para todo emprendedor, conocer el imaginario o el inconsciente colectivo de la gente es más que fundamental. ¿A quién le importa el contenido de un libro? La mayor parte de la gente, hoy, capta todo de una manera visual.

La memoria visual ha evolucionado bastante con la producción audiovisual. Esta situación, gracias a la tecnología, ha cambiado la mente de la gente para bien o para mal. Y, por eso, todo emprendedor —en materia de escritura, publicidad, marketing, etc.— debe entender claramente, para poder obtener resultados exitosos en todos los espacios donde ha decidido hacer emprendimientos, el común pensamiento de la gente.

SARA Y SUS PATINETAS

P or las calles de Madrid deambulaba un hombre que se denominaba a sí mismo Lírico. Era un singular hombre. Se dedicaba a pintar caricaturas referentes a su trabajo. Sus pinturas, como tales, llamaban la atención de muchos jóvenes, entre ellos, a Sara.

Aquellas obras de arte, desde pequeña, para Sara, se tornaron significativas, razón por la cual, creció en ella las ganas de conocer al autor. Pues, al parecer, él era la única persona que podía comprenderla.

Un día comenzó a buscarlo y recorriendo las calles de Madrid como un fantasma, completamente sola, tomó muchas fotos de las caricaturas que aquel hombre pintaba hasta formar un hermoso álbum que contenía aquellas obras de arte. La única compañía que tenía era, precisamente, sus patinetas y su reproductor de música.

Viendo una y otra vez aquel álbum llevaba tiempo intentando descifrar los mensajes de aquel personaje anónimo, del que todos hablaban y que nadie ha visto jamás.

Esta causa, de querer descifrar los mensajes y su deseo de conocer al autor de aquellas pinturas de la ciudad, le jugaron una mala pasada, ya que no encajaba ni en su familia —con sus padres— ni en el colegio.

Una mañana cuando fue a clases, el profesor preguntó:

— Los que han leído, que levanten la mano.

Todos levantaron la mano, menos Sara. Entonces, el docente se dirigió a ella, diciendo:

— ¿Sara? ¿No habéis leído?

— Lo intenté leer, pero…—replicó Sara.

— Sara, ¡cuánto lo siento que te haya resultado aburrido! —lamentó el profesor.

Mientras en clase se ponían a leer el primer capítulo del volumen de *"El Ingenioso Hidalgo, Don Quijote de la Mancha"*, Sara pensaba para sí: "en mi vida pasan lugares que no entiendo; haciendo cosas que no sé para qué me sirven; que no tienen nada que ver conmigo...Tiene que haber algo más".

A su regreso a casa, leyendo el libro de Don Quijote de la Mancha, descubrió a alguien a quien nadie le daba crédito, como a ella, y que sus fantasías podrían ser como las de ella. Pero aquel hombre del libro había perdido el juicio.

En ese trance, cuando leía el libro, intervino la madre y preguntó:

— ¿Sigues despierta?

— Sí, leyendo la tarea —contestó Sara. Y siguió estudiando.

Al día siguiente, junto con sus compañeros de curso, fueron de excursión a la parte central de la ciudad. Ella admiró y apreció la belleza artística y arquitectónica de las catedrales, las torres, las construcciones antiguas y los monumentos. Asimismo, contempló también algunas pinturas del autor anónimo a quien ella admiraba, Lírico. Tomó varias fotos y no siguió tras sus compañeros. Se quedó en el templo.

No obstante, después de buscar por todas partes, al fin la hallaron en el templo, contemplando una estatua de una niña. Posteriormente recibió una severa llamada de atención de parte del profesor, quien le dijo:

— ¿Qué querías, cargarte la excursión? ¡Pues, ya te la cargaste!

Ella, sin embargo, se limitó a guardar silencio tal como siempre acostumbraba. Entonces pensó: "Será que llegó la hora de rendirme; que Lírico es una ilusión, que tengo que perder; o será que no me necesita; ya no sé si soy capaz de seguir". Luego divisando en frente otra pintura de Lírico, se acercó, y la tomó una foto. Posteriormente, sola, se adentró en los sótanos de la ciudad.

Allí, como las cosas se le hicieron tan reales se encontró con muchas pinturas de Lírico. Al fondo, encontró una ventana que decía: "Adéntrate en mí y encontrarás la belleza". Y, al intentar adentrarse, se golpeó la cabeza y recobró la calma. Pero, precisamente allí, en ese sótano, se encontró con las pertenencias de Lírico. Entonces dijo:

— Aquí es donde te escondes, —viendo el nombre escrito de Lírico en un pergamino blanco—. Por fin te encontré, voy a conocerte, —añadió.

Y, casualmente, encontró también su nombre, escrito en una de las paredes del aposento de aquel artista anónimo para la multitud. Después, despertó y cayó en la cuenta de que todo había sido un sueño.

No obstante, para ella comenzó a significar algo más que un sueño. Una realidad a la que debía dedicar el resto de su vida. Comprendió también que la aventura es la guía perfecta de la vida que se dirige a cuanto uno pueda desear o aspirar. Reflexionando así y con la ayuda de su patineta se dirigió al colegio para asistir a la clase del día.

Pero sucedió que el profesor no le admitió a la clase justificando que, su madre, había presentado una queja de que Sara no había dormido en casa. Entonces, cerró la puerta del aula y regresó a casa.

— En casa, su madre le interrogó:

— ¿Se puede saber dónde has pasado la noche? Estuve toda la mañana preocupada; al colegio también has faltado. Me voy al trabajo; no te muevas de casa y luego hablamos en serio. Ya estoy harta de esto; nosotros nos matamos trabajando y tú te pasas la vida haciendo cosas que no debes, —sentenció su madre—. Y, Sara, guardó silencio como de costumbre. Su madre cerró con fuerza la puerta y se fue.

En cambio, Sara, al comprender que aquello ya no iba más en su familia, decidió marcharse de casa porque comprendió que Lírico tenía una misión para ella. Y se marchó. Sin embargo, al acercarse al sótano donde moraba Lírico, vio que había sido destruido por órdenes de las autoridades municipales al igual que las murales pintadas en la infraestructura de la ciudad. Al enterarse, Sara, lo sintió mucho y abandonó el lugar.

Posteriormente alquiló un departamento para quedarse, pero, estando allí, decidió lanzarse de la ventana. Así, entregó su vida a Lírico, quien tenía una misión para ella. Luego, entre sueño, fantasía y otra realidad, completamente transformada, recibió la iluminación de una luz y vio acercarse a ella unos seres con espadas luminosas. Uno de aquellos, dirigiéndose exclusivamente a ella dijo:

— Yo soy el ruido en el silencio, soy la sombra que hay en tu salón, el insomnio que da vueltas en tu habitación; yo transformo los dichos en hechos, y así penetro en ti como este aire que respiras; ahí arriba buscan mi código, pero jamás lo encontrarán, aquí abajo el código es la palabra, la palabra es la bala directa, como una lanza de doble filo. Todos aquí somos conscientes de que tú eres alguien, las apariencias engañan, pero la calle y los espejos nos muestran la verdad sin escrúpulos. Foco, prosa, tótem, medusa, Lírico...

— ¿Lírico? —preguntó Sara.

— ¿Qué no captaste la misión? Interrogó el interlocutor. Y continuó: —pero por fracasar nunca, nunca, se da uno por vencido.

Dicho esto, entre sollozos y desvaríos, Sara es llamada a seguirles para convertirse en uno de ellos. Así entró en el instante infinito, un viaje por el laberinto. En ese trance comprendió, poco a poco, que todo depende de ella, tanto la vida como la muerte. Que no se muere realmente. Sin embargo, se somete a las pruebas arduas por las que debe pasar para alcanzar la realización, la de ser uno de ellos.

Entonces comenzó a escuchar la voz de una fuerza extraña que le decía: ¡Tú, Vive! ¡Tú, Sigue! ¡Tú, lucha! Sólo los que han descendido a la oscuridad, sólo los que han luchado con la muerte, la soledad, los que han atravesado las aguas negras de su mierda y su tormenta, los que se han enfrentado a lo más profundo de sí mismos, son dignos de ver la luz que llevan dentro.

— Entonces, ¿qué es lo que tengo que hacer? —preguntó la muchacha.

— Entrar en tu casa, aquello que ha quedado por resolver —respondió el interlocutor.

Entonces se sometió a la gran travesía, a la gran prueba y que, superando las 3 pruebas fundamentales, la de la muerte, a través de la conciencia, la palabra y la acción, Sara alcanzaría la realidad que ella siempre había anhelado, lo que siempre había deseado realizar, el sueño que siempre había deseado conquistar, el deseo de unirse con el propio ser. Y así fue.

Retornó de aquel trance y todo había cambiado. Valió la pena vivir aquella aventura. La vida había comenzado, todo era diferente, dependía todo del cambio básico. Cuando uno cambia, cambia todo. Haz el cambio en ti, aquel cambio que deseas que exista en el lugar donde vives.

SOL DE ASÍS

En una sociedad de clases y confesiones encontradas, pululantes de paz y guerra, de odios y amores reunidos en los palpitares de una vieja historia, deambulaba por las calles de Asís un anciano con rostro demacrado; pies cubiertos de unas botas de hierro oxidado, un cuerpo cubierto por una coraza repugnante, cuyas manos repartía la novedad de que los días grises de otoño habían llegado.

El toque final de aquella noticia no era una alerta sino los estertores de una masa que se había procurado su ración y bienestar a costa del hambre y miseria de los insignificantes, de los débiles, de los menos útiles a los ojos de aquella sociedad encandilada en las fauces del caos. La soledad, la indiferencia y el egoísmo, se habían instalado en sus plazas y almenas; en cambio el amor, la compasión, la solidaridad y la hermandad, habían huido lejos, a los rincones más inadvertidos y anónimos, donde yacía la miseria, la pobreza y la humildad.

Entonces, desde esa situación de barbarie y la pestilente guerra que azotaba a los ciudadanos de la Asís medieval, emergió la presencia de un hombre que se abría sendero entre la multitud y se dirigía hacia la torre más alta de la ciudad. Cuando llegó a las alturas, emitió glorias y loas al gran Rolando, reverencias a los grandes hombres, ínclitos juramentos a la diosa del amor y alegres poemas e himnos tributados a los bohemios, trovadores y héroes de las batallas libradas por el ejército de los asisienses.

Aquel hombre, embriagado de honores, decidió salvar su situación siguiendo las rutas de los caballeros de la nobleza. Mas no siendo favorable para sí esta empresa, retornó a su antiguo hogar vestido de atuendos de frustraciones y engaños, desencantos y derrotas, amargos pesares y cavilaciones oscuras, que concluyeron tejiendo en sus sienes una nueva aura de mirares y expectativas más ardientes que corroían sus primeras intenciones.

Aquel pretendiente de la nobleza, de los honores más altos, de los manjares de los reyes y de los roles del dios dinero, se tornó mensajero de la rebelión para salvar una nueva batalla. Más ésta, al suponer la gestación de un nuevo fenómeno, le condujo por los caminos de la erudición que se podía lograr bebiendo la sabia de los libros del gran Amadis. Entre los ejemplares eligió, para su alimento, el volumen más sencillo, el menos complicado, el que podía hacer las veces de alimento para enfrentar futuras batallas, porque la revuelta había comenzado.

El hombre, al sentirse disconforme con las realidades encontradas de su contexto, se ensañó contra el lodo apestoso que despedían las organizaciones de aquella sociedad asisiense. Rugió como una fiera, arrasó con todos los estados purpurados, atiborrado de privilegios y perversiones, estableciendo su propia norma de vida. Esa norma propia, más tarde, cuando comenzó a invadir sus entrañas y afectar sus propios sentires, le procuró una nueva pasión, una pasión semejante al sujeto de su admiración.

Esa actitud tan desmedidamente anhelada fue reconocida por sus posteriores admiradores quienes, poniendo fijos los ojos en el joven de los sueños poco comunes, solían atribuirle adagios semejantes a la contextura de quienes hacen posible lo imposible. El adagio: *"comienza haciendo lo que es necesario; después lo que es posible y, de repente, estarás haciendo lo imposible"* fue haciéndose carne y hueso toda vez que iba pronunciándose en él aconteceres que jamás hombre alguno habría pretendido o deseado tan alta sabiduría en un aura de recogimiento y paz consigo mismo.

Entonces, recogido en sí mismo, en sus propios interiores, comprendió que en adelante debía orar así: *"Señor mío Jesucristo, dos gracias te pido me concedas antes de morir: la primera, que yo experimente en vida, en el alma y en el cuerpo, aquel dolor que tú, dulce Jesús, soportaste en la hora de tu pasión; la segunda, que yo experimente en mi corazón, en la medida de lo posible, aquel amor sin medida en que tú, Hijo de Dios, ardías cuando aceptaste sufrir tantos padecimientos por nosotros pecadores"*. Sabía lo que quería, creía en la posibilidad de alcanzar tan alta ciencia y, de ser posible esta meta, sería para él no otra cosa sino la saciedad de todos sus anhelos, la calma de todas sus sedes, el logro de todas sus ambiciones y el descanso supremo de su alma.

Desde entonces, día tras día, noche tras noche, hora tras hora, momento tras momento, no dejaba de declarar aquella plegaria en cualquier contexto, circunstancia y lugar. Con el tiempo, aquel deseo ardiente y obsesivo, se convirtió en carne de su carne y hueso de sus huesos; se tornó tan uno con él que ya no era él sino la personificación de aquel a quien iba dirigido su ruego. No obstante, como sucede con cualquier plegaría que, por natural consigna, debía dejar de ser para ser verdadera plegaria, condujo al sujeto orante por los caminos que llevaban hacia las montañas de Alverna.

El sendero fue arduo, cubierto de piedras y espinos, más el buscador empeñoso en sus deseos, no medía esfuerzos ni posibles retracciones hasta lograr lo que quería. La travesía de cada paso, sin duda, purificaba su alma y su cuerpo. Sus lágrimas se tornaron en suaves bálsamos odorosos de trascendencia, sus ambiciones auguraban la cercanía de sus objetivos, cada uno de sus pasos despedían aliento para los valientes, sus mirares se volvieron como manos milagrosas que devolvían la vista a los ciegos y oído a los sordos.

Entonces, después de la gran travesía, se apoderó de él un gran éxtasis y acurrucado en una de las cavernas del Monte Alverna, en un gran descanso, en un sueño único, que le procuró alcanzar el mayor de sus anhelos, el anhelo final, el culmen de todo su deseo, el objetivo final de sus sueños. Todo él fue cubierto por las sombras de la trascendencia e impregnáronse en su cuerpo las llagas de la pasión de su Señor. Sus manos, sus pies, su costado, aquellas marcas sagradas, no eran sino reflejo de un ardiente deseo realizado.

Aquello que había comenzado en un pequeño templo en ruinas, en San Damián, había culminado en una configuración con su más anhelado objeto. El trabajo se había realizado, el ardiente deseo colmado, la tarea había acabado. Ya no era él sino el Sol de Asís, la lumbrera de la península itálica, la nueva luz del género humano, el reflejo de la eterna unión de Dios y el Hombre.

A ese acontecimiento evolutivo del Francisco errante al Sol de Asís, divinizado, los hagiógrafos de su época denominaron el itinerario común de los hombres sagrados que han pisado esta tierra. Esos hombres que son la sal de la tierra, la sabia que alimenta las inteligencias, los sembradores de justicia y esperanza, seres que cristalizan con su travesía por el siglo el máximo legado para las generaciones humanas.

Allí, en tan alta circunstancia, es posible proferir la suprema razón: ¡*Todo está cumplido*! (Jn 19,30). Y razones sobran para agradecer, para irradiar tan alta ciencia y para celebrar con gozo: "*Bienvenida seas mi hermana la muerte*" (LP 100d). ¿Qué más quedaba? ¿Hay algo más consumado que eso? El círculo se ha completado, el hombre se ha divinizado, el Verbo se hizo carne y la viña vertió sus brotes hasta el gran río. Lo ordinario se tornó extraordinario y lo imposible fue hecho posible. ¿Es posible lo imposible? Sí, ciertamente, ¡es posible!

El ardiente deseo dejó de ser y la ambición cerró sus alas porque habían cumplido su rol, más la victima poseída por la trascendencia, repartió las primicias de su primera y última cosecha. No se guardó para sí ya que todo cuanto se logra —aunque fuere a la tarde de la vida— es siempre una bendición, un bálsamo odoroso para provecho de muchos y un mar de gracias para justos e injustos, santos y pecadores, sabios y necios. Es simplemente eso, una bendición, una ración para ser compartida, un Sol esparcido en la faz del mundo.

EL CASO DEL PRESIDENTE KENNEDY

ntes de convertirse en el mandatario número 35 de los Estados Unidos, cuando estaba por ingresar a la Universidad de Harvard, el joven John Fitzgerald Kennedy tenía fama de ser un mal estudiante: su historial académico no era el mejor y, aunque llegó a ser estudiante de la Universidad de Princeton, dos meses después se dio de baja por una enfermedad, por lo que su padre lo llamó un "desinteresado".

Cuando en 1935 Kennedy tuvo que escribir en un ensayo sus motivos para ingresar a Harvard, su respuesta le valió un lugar en la prestigiada Universidad: *"Ser un 'hombre de Harvard' es una distinción envidiable que sinceramente espero poder obtener"*, escribió. Luego, terminó graduándose en la misma casa superior de estudios en Relaciones Internacionales el año 1940. Publicó su tesis ese mismo año con el título: *"¿Por qué Inglaterra se durmió?"* y la obra llegó a tener muy buenas ventas.

Kennedy era un hombre a quien no le dejaba en paz la enfermedad. En una de sus convalecencias, escribió su obra *"Perfiles de coraje"* en la que cuenta sobre ocho situaciones en las que senadores de Estados Unidos arriesgaron sus carreras por mantenerse firmes en sus convicciones y creencias personales. El libro fue premiado en 1957 con el premio Pulitzer como la mejor biografía.

Años después, Jonh Kennedy manifestó su intención de competir en las presidenciales del 2 de febrero del año de 1960. El 8 de noviembre de ese año se consagró como el único presidente católico —ya que la mayoría de los presidentes de Estados Unidos, hasta hoy, han sido protestantes— en una de las elecciones presidenciales más reñidas del siglo XX. Puesto que la gente no quería aceptar que su presidente fuera católico, él solía decirles: "No soy el candidato católico a la presidencia. Soy el candidato del Partido Demócrata que resulta que también es católico. No hablo por la iglesia en temas públicos —y la iglesia no habla por mí—".

Kennedy, que se destacó en su presidencia por la lucha a favor de los derechos civiles, planteó en uno de sus discursos el tema relativo a la discriminación, que en esa época se tenía, en contra de los católicos, preguntando si los católicos perdían su derecho a ser presidente, o a otros cargos públicos, desde el día en que eran bautizados.

Durante su presidencia, en una de sus visitas a las instalaciones de la NASA en el año 1961, se topó con uno de los empleados de limpieza quien se encontraba trapeando el piso de uno de los pasillos. Kennedy se detuvo un momento a conversar con el hombre, lo saludó con un buen apretón de manos y le preguntó:

— ¿Y usted qué hace aquí en la NASA?

El empleado, con cierto orgullo del trabajo que realizaba, le respondió:

— Señor, ¡estoy ayudando a poner un hombre en la luna!

Esta anécdota refleja claramente la filosofía que imparte la NASA en sus empleados, sea el puesto que tengan, saben que cada uno contribuye de manera eficiente hacia la misión principal de la organización. Además, no quiere hacer otra cosa, sino que todos sus miembros se "pongan la camiseta" ya que ello refleja, ante "propios y extraños", una integración total hacia las metas y coherencia en lo que siente, dice y hace la propia corporación.

Días después, el señor Kennedy se entrevistó con uno de los postulantes para trabajar en la NASA. Aquél era un hombre apuesto e inteligente y, no obstante, con algunos intereses de sacar provecho propio del gran trabajo que iba a realizar en la Corporación. Viendo esta situación, Kennedy le aconsejó atinadamente:

— No pienses en lo que tu país puede hacer por ti, sino en lo que tú puedes hacer por tu país.

El 12 de abril de aquel año, el cosmonauta soviético Yuri Gagarin se había convertido en el primer humano en viajar al espacio. Veintitrés días más tarde la NASA siguió a la Unión Soviética lanzando a Alan Shepard en un paseo suborbital de cinco minutos. Y aprovechando dicha emoción, el 25 de mayo de 1961, Kennedy retó al Congreso de los Estados Unidos a "mandar a un hombre a la Luna antes de que termine la década y regresarlo sano y salvo a la Tierra".

Es así que un año más tarde, el 12 de septiembre de 1962, en un discurso presidencial pronunciado desde la Universidad de Rice, Kennedy justificó su objetivo lunar. El espacio sería una "nueva frontera", un "nuevo océano" que descubrir. La conquista del espacio, un imperativo histórico y estratégico, "retaría a los estadounidenses a demostrar su grandeza y se convertiría en un símbolo de prestigio nacional y liderazgo global. Parte de aquel discurso rezaba:

"Nos hacemos a la mar en este nuevo océano porque existen nuevos conocimientos que obtener y nuevos derechos que ganar, que deben ganarse y utilizarse para

el progreso de todos los pueblos. Porque la ciencia espacial, al igual que la ciencia nuclear y toda la tecnología, carece de conciencia propia. Que se convierta en una fuerza de bien o de mal depende del hombre [...]. No digo que debamos o vayamos a luchar desprotegidos contra el uso indebido del espacio, de la misma forma que no luchamos desprotegidos contra el uso hostil de la tierra o el mar; lo que sí digo es que el espacio se puede explorar y controlar sin alimentar la llama de la guerra, sin repetir los errores que el hombre ha cometido al extender su mandado sobre este planeta nuestro.

Por el momento, no existe ningún tipo de contienda, ningún prejuicio, ningún conflicto nacional en el espacio exterior. Sus peligros son hostiles para todos nosotros. Su conquista se merece lo mejor de toda la humanidad y la oportunidad que nos ofrece de cooperar pacíficamente podría no volver a presentarse. Pero, preguntan algunos, ¿por qué la Luna? ¿Por qué elegimos esta meta? Y de la misma forma podrían preguntar, ¿por qué escalamos la montaña más alta? O, hace 35 años, ¿por qué cruzamos el Atlántico en avioneta? [...]

Hemos decidido ir a la Luna. Hemos decidido ir a la Luna en esta década, y también afrontar los otros desafíos, no porque sean fáciles, sino porque son difíciles, porque esta meta servirá para organizar y medir lo mejor de nuestras energías y aptitudes, porque es un desafío que estamos dispuestos a aceptar, que no estamos dispuestos a posponer [...]"

Ante semejante desafío para los estadounidenses y con la consigna muy conocida: "ganaremos a los rusos la carrera a la Luna", reunió a un grupo de científicos y les exigió llegar a la Luna, les puso un tiempo límite, les pidió que lo soñaran, porque solo así lo convertirían en realidad. Entonces alguno de los científicos, preguntó al presidente:

— Señor Presidente, ante semejante pretensión, ¿cuenta usted con una receta exacta que nos ayude a lograr lo que ha prometido a toda la ciudadanía estadounidense?

Kennedy contestó:

— Si tuviera yo la receta exacta no los hubiera contratado a ustedes. Yo mismo lo haría. Sólo sé que sí es posible llegar a la luna, y ustedes son quienes lo pueden lograr.

Sin duda, Kennedy fue un hombre muy inteligente, pues contrató a seres más inteligentes que él para que convirtieran su sueño en realidad.

De hecho, muy posteriormente, un representante de los medios de comunicación le preguntó con cierta ironía:

— ¿Cuál fue su secreto para conseguir ser el mejor presidente de los Estados Unidos?

Él, con toda tranquilidad, contestó:

— El secreto es, y lo será siempre, rodearse de la gente más inteligente y más capaz de toda la nación para hacer realidad el sueño del mejor presidente de los Estados Unidos de América.

De la misma manera, no es casual que Kennedy represente también el hombre más inteligente que procuró cambiar la percepción de los países vecinos con respecto a los norteamericanos. El 1 de julio de 1962, el presidente mexicano Adolfo López Mateos, recibió en la ciudad de México a su homólogo norteamericano John Kennedy y a su esposa Jacqueline Bouvier.

Todo el pueblo mexicano se quedó impactado por la sencillez, el carisma y la simpatía de los Kennedy, porque asistieron a una misa en la Basílica de Guadalupe y recorrieron las calles principales de la ciudad en un carro descapotado. Entre tanto, los mexicanos disfrutaron de la elegancia de la primera dama norteamericana, cuyos atuendos, confeccionados para la ocasión resaltaban su belleza.

Pero sucedió que —durante un banquete en el Palacio Nacional de la ciudad de México— el presidente mexicano insinuó a su homólogo a cerca de la devolución de El Chamizal. Kennedy movido por la insistencia del anfitrión, a la vista de los 20 volúmenes del proceso apilados en una larga mesa en el Salón de Recepciones, le pidió al traductor acercar el oído para susurrarle:

— Dígale al presidente Adolfo que cuánto vale, en millones, el pedazo de tierra de El Chamizal.

La respuesta del presidente Adolfo López Mateos fue instantánea. Mandó a decir:

— Dígale que no soy agente de bienes raíces.

Luego, después de aquel momento, Kennedy bromeó:

— ¡Qué bonito reloj, señor presidente!

E inmediatamente, López Mateos se despojó de la prenda y se la obsequió a Kennedy. Rato después, el ocurrente presidente mexicano, le jugó otra broma al presidente norteamericano:

— ¡Qué bonita es su esposa, señor presidente!

Kennedy, sabiéndose aludido, se quitó el reloj que le había obsequiado y, en un medio español entrecortado, le dijo:

— Ahí está su pinche reloj.

Cierto o no, con parecidas anécdotas, el entonces presidente de los Estados Unidos cambió en mucho la percepción de los mexicanos acerca del pueblo norteamericano y, con su afán de conquistar la Luna y conseguir que el 20 de julio de 1969 un hombre ponga pie en la superficie de la Luna por medio del Programa Apolo —aunque esto ocurrió 6 años después de su muerte—, se consagró como el único presidente católico y uno de los mejores presidentes de los Estados Unidos de América.

EL PODER DE LA IMAGINACIÓN

En una tarde nublada, dos niños patinaban sin preocupación sobre una laguna congelada. De pronto, el hielo se partió y uno de los pequeños cayó al agua.

El otro, viendo que su amigo se ahogaba debajo del hielo, tomó una piedra y empezó a golpear con todas sus fuerzas hasta que logró romperlo a fin de salvar a su amigo. La artimaña que trazó el pequeño funcionó y salvó a su amigo.

Al llegar los socorristas, viendo lo que había sucedido, se preguntaron cómo lo hizo. Algunos murmuraban: "el hielo está muy grueso, es imposible que lo haya podido romper con esa piedra y con sus manos tan pequeñitas".

En ese instante, apareció un anciano y dijo:

— Yo sé cómo lo hizo.

Ellos preguntaron:

— Pues, dinos, ¿cómo lo hizo? Es sólo un niño.

El anciano concluyó:

— Es que no había nadie a su lado que le dijera que no podía hacer algo así. Simplemente ha sucedido lo que ya está escrito: *"Si lo puedes imaginar, lo puedes lograr"*.